Louis Wiesmann: Das moderne Gedicht

Louis Wiesmann

Das moderne Gedicht

Versuch einer Genealogie

© Gute Schriften Basel. 1973
Buchgestaltung: Albert Gomm SWB
Satz und Druck: Tanner & Bosshardt AG, Basel
Umschlagdruck: Birkhäuser AG, Basel
Bindearbeiten: Paul Henssler, Basel

ISBN 3-7185-0384-0

Inhaltsverzeichnis

Vorwort 7
Der Sturm und Drang 11
Die Romantik 21
Das Biedermeier 36
Der Realismus 43
Friedrich Nietzsche 55
Das zwanzigste Jahrhundert 64
Namenregister 86

Vorwort

Das vorliegende Bändchen hat notwendig fragmentarischen Charakter. Es wäre möglich, an Hunderten von Texten den heraufziehenden Abend und die Nacht der modernen Lyrik sich von 1750 an vorbereiten zu sehen, nach Vorspielen in der Barockliteratur. Die hier besprochenen Texte haben daher nur die Funktion von einigen ausgelesenen Beispielen, welche jedoch die sich abzeichnenden Tendenzen der Lyrik zweier Jahrhunderte deutlich machen dürften. Sekundärliteratur wird keine angegeben. Dennoch möchte ich wenigstens erwähnen, wie hilfreich mir das vielgelesene Taschenbuch von Hugo Friedrich, «Die Struktur der modernen Lyrik», war, das in rowohlts deutscher enzyklopädie als Nummer 25 in vielen Auflagen erschienen ist.

Wer genau wissen will, was unter einem modernen Gedicht zu verstehen ist, kann es in dieser Publikation nachlesen. Ich selbst verzichte auf eine solche Definition, weil ich annehme, daß sich aus meinen Textinterpretationen eine solche von selbst ergibt, indem sie in und zwischen den Zeilen steht. Dabei gehe ich mit dem Wort «modern» in einer fast unverantwortlich großzügigen Weise um, darf es jedoch tun, weil dieser Ausdruck seit der Romantik die Bezeichnung für Neues, bisher so nicht Gekanntes ist. «Modern» ist hier alles, was aus der Tradition abendländischen Dichtens ausbricht und zu neuen Ufern vorstößt. Solches Ausscheren kann in der Form oder im Inhalt oder in beidem zugleich geschehen. Es gibt moderne Gedichte von normalster Sprachgestalt, aber verwegenem Gehalt, und wir lesen sprachlich entfesselte Texte, deren Inhalt sich in herkömmlichen Bahnen bewegt. Der Inhalt dieser Schrift bringt es mit sich, daß ich auch bei Schriftstellern, die vor 1900 gedichtet haben, vor allem ihre dunkleren Seiten erwähne, zum Teil mit harten Akzenten. Was an ihnen wohltuend ist, kenne ich sehr wohl und liebe es mehr als die Finsternisse, muß es jedoch verschweigen. Wegbereiter der modernen Literatur zu sein, heißt eine schwarze Dichtung vorbereiten, bei der das Herz, immer noch der beste Teil des Menschen, zu kurz kommt. Man übersehe jedoch nicht, daß die Auffassung, das Erdenleben sei eine schreckliche und rätselhafte Tragödie, keine Erfindung neuerer Jahrhunderte ist. Schon das Alte Testament und die alten Griechen bieten zu derartigen Inhalten Beispiele, in denen das bare Grauen spricht. Ich denke etwa an Hiob, Jeremias, Sophokles, und dann vor allem an die Sündflut.

Wer wissen will, wie die Lyrik unseres Jahrhunderts allmählich entstanden ist, wird bei den Gelehrten in der Regel folgendes erfahren: Schon im 17. Jahrhundert gab es einen Schöpfer seltsam dunkler Gedichte, die sich dem logischen Verstehen weitgehend entziehen, den Spanier Luis de Gongora.
Als Kostprobe diene eines seiner Sonette, ins Deutsche übertragen durch Sigrid Meuer:

> Der Mund, der süß zu schlürfen muß verführen
> Den Saft, der köstlich zwischen Perlen quillt,
> Den Neid um Jupiters Getränk gar stillt,
> Mag's ihm, von Ganymed kredenzt, gebühren,
>
> An den, wollt liebend leben, dürft nicht rühren;
> In Lippen, die Versuchung farbig schwillt,
> Sitzt Amor, der mit Gift die Waffe füllt:
> In Blüten ist die Schlange nicht zu spüren.
>
> Euch täuschten Rosen nicht, sagt ihr, euch schien,
> Daß Blütenstaub und Duft sind nur Genuß,
> Aurorens Purpurschoß entsprängen sie in Reine;
>
> Nicht Rosen, Äpfel sind's des Tantalus,
> den, der erst angelockt sich sah, sie fliehn –
> Und von der Liebe bleibt das Gift alleine.

Gongora hatte jedoch keine unmittelbare Nachfolge. Erst in der Mitte des neunzehnten Jahrhunderts trat dann Charles Baudelaire mit seinen «Fleurs du mal» hervor, etwas später Rimbaud und Mallarmé mit ihren Gedichtbänden. Diese drei Dichter haben bis zu extremen Verfremdungen der Realität das geschaffen, was man seither das moderne Gedicht nennt. Das Wort «modern» verwendete für diese neue Art des lyrischen

Sagens bereits Baudelaire, der für seine Dichtweise eine präzise Theorie entwickelt hat. Vor dem Ersten Weltkrieg zogen dann deutsche Dichter nach, recht verspätet: Gottfried Benn, Georg Trakl, Georg Heym und andere Frühexpressionisten. Ob es mit dieser stets behaupteten Verspätung seine Richtigkeit hat, wird zu prüfen sein.

Die Frage, auf die in diesem Büchlein die Antwort gesucht wird, ist denn auch die, ob nicht in der deutschen Dichtung ebenfalls eine Vorläuferschaft der modernen Lyrik gefunden werden kann. Das ist schon deshalb zu erwarten, weil im Bereich von Roman und Drama Deutschland schon früh wegbereitende Leistungen für die Literatur des zwanzigsten Jahrhunderts erbrachte. Jean Paul schrieb die ersten montierten Romane mit zum Teil reichlich verrückten Inhalten, die bis an den Nihilismus reichen, nach der Vorläuferschaft von Lenz und dem jungen Goethe schuf Büchner in den Dreißigerjahren des letzten Jahrhunderts Dramen, die als modern in jeder Hinsicht zu bezeichnen sind, fast hundert Jahre vor Brechts epischem Theater. Vor Büchner hatte Kleist, wie nachgewiesen worden ist, Themen Kafkas in erstaunlicher Weise vorweggenommen. Überhaupt ist es ein verfehltes, aber oft zu lesendes Vorurteil, die deutsche Dichtung des letzten Jahrhunderts sei im Vergleich etwa zu der französischen und englischen eine verschlafene und rückständige Provinzangelegenheit gewesen. Gotthelf hat schon im «Bauernspiegel» und in andern gesellschaftskritischen Werken einen harten Naturalismus entwickelt, neben dem sich Gerhart Hauptmann keineswegs als naturalistischer ausnimmt, Stifter bedient sich in seinen Erzählungen eines verschlüsselten Symbolstils, der den späteren Symbolismus der Franzosen mindestens teilweise vorwegnimmt, und wenn man gar zu Spittelers «Prometheus und Epimetheus» oder zu Nietzsches Umkehrung aller Werte, zu seinem «Zarathustra» und seiner Lyrik vordringt, befindet man sich wie gleicherzeit in Frankreich auf modernem Boden. Es ist nur den in deutschen Sprachlanden so ausgeprägten Minderwertigkeitsgefühlen gegenüber allem Romanischen zuzuschreiben, daß man diese Tatsachen in der Regel verkennt.

Der Sturm und Drang

Ein erster Vorbote heutiger Lyrik ist eine theoretische Aussage Klopstocks, die besagt, das Gedicht müsse frei aus der Seele taumeln. Dem entspricht es, daß der junge Goethe nachts aufstehen und an seinem Schreibpult ein Gedicht niederschreiben konnte, das er in traumartigem Unbewußtsein empfangen hatte. War das Blatt Papier schräg hingelegt, so durfte er es nicht zurechtrücken, weil er sonst wach geworden wäre und die Verse vergessen hätte. Des andern Morgens las er dann mit Neugierde, was ihm so unverhofft eingefallen war. Das Verfahren weist weit voraus zu den Theorien der Surrealisten, die ihre Texte nach dem Diktat des Unbewußten niederschrieben. Ein Vorläufer sogar des Dadaismus ist sodann des jungen Goethe «Concerto drammatico», ein Gedicht ohne durchgehenden Sinn, das zum Teil aus seinen Klangspielen und seinem Rhythmus lebt und Zwischenüberschriften trägt wie «Allegro con furia», «Lamentabile», «Capriccio con Variationi». Diese Wortmusik lautet in der zweiten Gedichthälfte wie folgt:

Var. 3. Geritten wie Teufel
    Berg auf und Berg ab,
    Calop (= Galopp) auf Calop
    Gehn die Hund nur ein Trab.
    Biß Gaul wund am Creuz is,
    Der Ritter am Steis
    Frau Wirtin ein Bett, hohl (= hol)
    Der Teufel die Reis.
        Capriccio da Capo

Air. Une fille
    Gentille
    Bien soignée par Mama
    Toute echauffée,
    Dans une Allée
    Se promena.
    Elle en gagna
    Un gros rhume, et bonne Mama
    S'écria
    De toute sa poitrine
    Medecin! Medicine!

Un garçon
Bel et bon
Par avanture se trouva
Et s'y preta
Et la frotta,
La bien choffa (= chaufa)
Que rhume bientot s'en vola.
Le Divin! la Divine!
Medecin! Medicine!

Molto andante

Hat alles seine Zeit
Das nahe wird weit
Das Warme wird kalt
Der Junge wird alt
Das Kalte wird warm
Der Reiche wird arm
Der Narre gescheut
Alles zu seiner Zeit.

Con espressione

Ein Weiblein der Sybillenschaar
Drohte mir Gefahr Gefahr
Von schwarzen Augen im Januar
Und Februar
Und Merz und – ach durch's ganze Jahr.
Wenn Marianne du mitleidig bist
Wie schön, vergönne mir
die arme kurze Frist.

Presto fugato

Und Rosenblüt und Rosen Lust
    und Kirschen Äpfel und Birnen voll!

Gejauchtzt getantzt mit voller Brust
    Herbey! Herbey! Und laut und toll.

Laßt sie kommen
    Alle!

Hier ist genug
    Hier schaumt der Most
        Die Fässer heraus

Rum Rum.
    Didli di dum

Herbey Herbey
Didli di dey.

    Die Laffen
    Da stehn sie und gaffen
    Der Herrlichkeit zu.

Mit! Mit!
Gesprungen! gesungen!
Alten und Jungen!
Mit! Duru! Mit!

    Sind grosse Geister
    Gestopelte Meister
    Verschnitten dazu!

Weiber und Kinder
Zöllner und Sünder
Kritaster Poeten
Huren Propheten
Dal dilleri du

    Da stehn sie die Laffen
    und gaffen:|:
    Der Herrlichkeit zu

Dum du. dum du.
Dam dim di di. du
Dam dim di. di du

    Huhu! Huhu!

Einen Wirbel schwer verständlicher, meist aus dem griechischen Mythus geschöpfter Bilder – auch dies ist eine später vielgeübte Technik, nur daß dann Mythen verschiedenster Kulturkreise durcheinandergeworfen werden – legt Goethe in «Wandrers Sturmlied» vor, das er Jahrzehnte später in «Dichtung und Wahrheit» als «Halbunsinn» bezeichnet hat. Er hat diese Verse während eines Gewitters, das ihn auf offenem Feld überraschte, in den Sturm gesprochen und dann aufgeschrieben. Sie lauten:

Wandrers Sturmlied

Wen du nicht verlässest, Genius,
Nicht der Regen, nicht der Sturm
Haucht ihm Schauer übers Herz.

Wen du nicht verlässest, Genius,
Wird der Regenwolke
Wird dem Schlossensturm
Entgegen singen
Wie die Lerche
Du dadroben.

Den du nicht verlässest, Genius,
Wirst ihn heben übern Schlammpfad
Mit den Feuerflügeln.
Wandeln wird er
Wie mit Blumenfüßen
Über Deukalions Flutschlamm
Python tötend, leicht, groß
Pythius Apollo.

Den du nicht verlässest, Genius,
Wirst die wollnen Flügel unterspreiten,
Wenn er auf dem Felsen schläft,
Wirst mit Hüterfittichen ihn decken
In des Haines Mitternacht.

Wen du nicht verlässest, Genius,
Wirst im Schneegestöber
Wärmumhüllen.
Nach der Wärme ziehn sich Musen,
Nach der Wärme Charitinnen.

Umschwebt mich, ihr Musen,
Ihr Charitinnen!
Das ist Wasser, das ist Erde
Und der Sohn des Wassers und der Erde,
Über den ich wandle
Göttergleich.

Ihr seid rein wie das Herz der Wasser,
Ihr seid rein wie das Mark der Erde,
Ihr umschwebt mich, und ich schwebe
Über Wasser über Erde
Göttergleich.

Soll der zurückkehren,
Der kleine schwarze feurige Bauer!
Soll der zurückkehren, erwartend
Nur deine Gaben, Vater Bromius,
Und helleuchtend umwärmend Feuer,
Der kehren mutig,
Und ich, den ihr begleitet,

Musen und Charitinnen all,
Den alles erwartet, was ihr,
Musen und Charitinnen,
Umkränzende Seligkeit
Rings ums Leben verherrlicht habt,
Soll mutlos kehren?

Vater Bromius,
Du bist Genius,
Jahrhunderts Genius,
Bist, was innre Glut
Pindarn war,
Was der Welt
Phöb Apoll ist.

Weh! Weh! Innre Wärme,
Seelenwärme,
Mittelpunkt,
Glüh entgegen
Phöb Apollen,
Kalt wird sonst
Sein Fürstenblick
Über dich vorübergleiten,
Neidgetroffen
Auf der Zeder Kraft verweilen,
Die zu grünen
Sein nicht harrt.

Warum nennt mein Lied dich zuletzt,
Dich, von dem es begann,
Dich, in dem es endet,
Dich, aus dem es quillt,
Jupiter Pluvius!
Dich, dich strömt mein Lied,
Und Castalischer Quell
Rinnt, ein Nebenbach,
Rinnet müßigen
Sterblich Glücklichen
Abseits von dir,
Der du mich fassend deckst,
Jupiter Pluvius.

Nicht am Ulmenbaum
Hast du ihn besucht –
Mit dem Taubenpaar
In dem zärtlichen Arm,
Mit der freundlichen Ros' umkränzt

Tändlenden ihn blumenglücklichen
Anakreon,
Sturmatmende Gottheit.

Nicht im Pappelwald
An des Sybaris Strand,
An des Gebürges
Sonnebeglänzter Stirn nicht
Faßtest du ihn,
Den bienensingenden
Honiglallenden
Freundlichwinkenden
Theokrit.

Wenn die Räder rasselten
Rad an Rad, rasch ums Ziel weg
Hoch flog
Siegdurchglühter
Jünglinge Peitschenknall,
Und sich Staub wälzt'
Wie vom Gebürg herab
Kieselwetter ins Tal,
Glühte deine Seel' Gefahren, Pindar,
Mut. – Glühte. –
Armes Herz –
Dort auf dem Hügel,
Himmlische Macht,
Nur so viel Glut,
Dort meine Hütte,
Dorthin zu waten.

Inhalt dieses Gedichts ist die überwältigende Macht des Genius, die dem Autor gemäß der Ästhetik des Sturm und Drang seine Worte inspiriert. Singend wie die Lerche tritt er den Schauern des Sturms, dem Regengewölk und dem Hagel entgegen, die ihm Angst und Mutlosigkeit androhen. In Strophe zwei sind die Blumenfüße über Deukalions, des griechischen Noah, Flutschlamm, die wollnen Flügel, die Hüterfittiche in des Haines Mitternacht Rätselworte, wie sie im zwanzigsten Jahrhundert reichlich anzutreffen sein werden. Man kann den Sinn der ersten beiden Strophen etwa so umschreiben: Der vom Feuer des Genius ergriffene Dichter, erregt durch Sturm und Unwetter, fühlt sich so gehoben, daß er sogar in der Unbill der Elemente wie ein Sieger durch den Schlamm des Pfades schreitet, sich göttergleich fühlend wie Apollo, als er den Drachen Python, der aus dem Schlamm der griechischen Sündflut entstanden war, getötet hatte. Er wird geborgen und gefahrlos auf Felsen oder in der Nacht von Wäldern schlafen, weil ihn ein unfehlbares Lebensvertrauen beschützt. Unmodern an diesen Aussagen ist einzig die herrliche Zuversicht, ein Gut des Sturm und Drang, das nachkommenden Dichtergenerationen weitgehend verloren gehen wird, allerdings sich in Friedrich Dürrenmatts Bettler Akki («Ein Engel kommt nach Babylon») noch bis in unsere Zeit hinein rettet. Kühne Wortneuschöpfungen wie die, daß der Genius sogar im Schneetreiben den Dichter «wärmumhüllen» kann, sind zukunftsträchtig. Der Schlamm wird als «Sohn des Wassers und der Erde» bezeichnet. In Strophe sechs finden sich Niederschläge von des jungen Goethe Beschäftigung mit alchimistischen Büchern. Die Musen werden als rein wie das innerste Wesen der Elemente, gleichsam als ihre quinta essentia, bezeichnet: «rein, wie das Herz der Wasser», «rein, wie das Mark der Erde». Der hier sprechende Dichter fühlt sich also an die ungetrübten Ursprünge des Seins entrückt und verdankt dies der Tatsache, daß im Gewitter die schaffende Kraft der Gottheit in ihn fährt und ihn allein und ausschließlich erfüllt. Darum schwebt er «göttergleich» über dem Dreck, durch den er marschiert. Dann wird ein «kleiner schwarzer feuriger Bauer» gesichtet. Es bleibt aber unklar, ob er nur darum schwarz erscheint, weil dunkle Wolken alles verfinstern, oder ob er tatsächlich schwarze Kleider trägt, und daß er «feurig» ist, paßt in die visionär erlebte Landschaft. Dieses Feuer mag dem Widerschein der Blitze zuzuschreiben sein, vielleicht aber auch der robusteren inneren Verfassung, die der Bauer dem Dichter voraushat und die ihn spielend sein eigenes Heim erreichen lassen wird. Dabei erwarten ihn dort, im Unterschied zu den herrlichen Gaben, die der Dichter empfängt, «nur» ein Glas Wein, das Geschenk des Dionysos, den die Griechen unter anderm Bromios nannten, und ein wärmendes Feuer. Der Dichter jedoch, dem die Musen und die Grazien – die Charitinnen – im Augenblick alle Herrlichkeit der Sturm-und-Drang-Genialität zubringen, muß fürchten, im Unwetter den Mut zu verlieren und abgeschlagen in seine Unterkunft zurückzukehren. Diese Angst, den großartigen Naturgewalten zu erliegen, hat Goethe auch sonst ausgesprochen, etwa in den Gedichten «Willkommen und Abschied» und «Erlkönig». In «Wandrers Sturmlied» fängt sich jedoch das sprechende Ich gleich wieder auf. Dionysos, der Gott der dichterischen Trunkenheit, ist «Jahrhunderts Genius», also der Genius des Sturm und Drang, und das ist so viel wert wie die Glut des machtvollsten, vom jungen Goethe außerordentlich bewunderten griechischen Lyrikers Pindar, ja so viel wert wie das Feuer der Sonne für die ganze Welt. Bescheidenheit war nicht Goethes Gabe. In Strophe neun ruft sich dann das sprechende Ich auf, dem Sonnengott eigene innere Wärme entgegenzubringen, weil nur so diejenige des Gestirns aufgenommen werden kann. Fehlt es an der Glut im eigenen «Mittelpunkt», also im Herzen, so wird der Sonnenstrahl wirkungslos daran vorübergleiten und auf die Zeder fallen. Der Neid Apollos ist darin begründet, daß die Zeder grünt, ohne eine Beziehung zu ihm herzustellen; sie ist ganz in sich verschlossenes Pflanzendasein. Zuletzt wird nochmals eine andere Gottheit angerufen – der halbe Olymp wird in diesem Gedicht vom jungen Goethe als brüderliche Göttergemeinschaft vorgeladen –, Jupiter in seiner Eigenschaft als Regengott. Er ist ja der Vater von «Wandrers Sturmlied» und damit der wahre Inspirator dieses Gedichts. Seine Flut, die den Sprechenden «fassend deckt», ist weit mehr als der kastalische Quell in Delphi, der sonst als Ursprung dichterischer Begeisterung gilt. Die «sturmatmende Gottheit» hat weder den liebenswürdigen Dichter von Wein und Liebe, Anakreon, noch Theokrit, den Verfasser ländlicher Idyllen, besucht. Wohl aber wußte Pindar von Kiesel-, also Hagelwettern, wenn er in seinen Preisliedern, die er auf die Sieger im Pferderennen anstimmte, das tolle Dahinrasen der Gefährte beschrieb. In den letzten Zeilen bricht das Gedicht unvermutet ab. Den im Gewitter so hochgemut Singenden verläßt plötzlich die innere Kraft, damit auch die dichterische Besessenheit, und er bittet bloß noch um die nötigen körperlichen Reserven, die es ihm erlauben, bis zu seiner Hütte durchzudringen. Liest man «Wandrers Sturmlied», so wüßte man gern, wie Goethe gedichtet hätte, wenn er hundert Jahre später geboren wäre.

Angefüllt mit sprachlichen Wagnissen ist auch ein anderes Gedicht des jungen Goethe, die Erstfassung der Strophen, die «An Schwager Kronos» überschrieben sind. «Schwager» hieß damals der Kutscher, Kronos ist ein Mißverständnis des Autors, der das griechische Wort für die Zeit wählen wollte, Chronos, statt dessen jedoch den Göttervater Kronos erwischte. Dargestellt wird eine tolle Lebensfahrt, bei der das sprechende Ich von der Zeit fortgerissen wird. Der Anfang lautet so:

> Spute dich, Kronos!
> Fort den rasselnden Trott!
> Bergab gleitet der Weg;
> Ekles Schwindeln zögert
> Mir vor die Stirne dein Haudern.
> Frisch den holpernden
> Stock Wurzeln Steine den Trott
> Rasch ins Leben hinein.

Daß das Dialektwort «Haudern» für langsames Fahren eingelegt ist, mag noch angehen, ist aber bezeichnend für die unkonventionelle, alltagsnahe Redeweise des jungen Goethe. Viel kecker ist, daß die Syntax stellenweise aus den Fugen geht und das Verb vergißt, wie das in neueren Zeiten an der Tagesordnung sein wird: «Frisch den holpernden Stock Wurzeln Steine den Trott.» Das Ende der Lebensfahrt wird schon in jungen Jahren gewünscht, als begeisternde Fahrt in den Orkus, so daß

> Drunten von ihren Sitzen
> Sich die Gewaltigen lüften.

Die Unterweltsgötter sollen von ihren Sitzen hochgerissen werden (vgl. englisch to lift). Das unerwünschte Ende erst im Greisenalter aber wird so in Worte gefaßt:

> Sieh, die Sonne sinkt.
> Eh sie sinkt, eh mich faßt
> Greisen im Moore Nebelduft,
> Entzahnte Kiefern schnattern
> Und das schlockernde (= schlotternde) Gebein

Ehe solch unerwünschter Verfall eintritt, soll den Fahrenden das Feuermeer der Sonne, das er mit «schäumendem Aug» wahrnimmt, dahinnehmen.

«Wandrers Sturmlied» und «An Schwager Kronos» sind in freien Rhythmen, also ohne verpflichtendes Versmaß, geschrieben. Auch diese von Klopstock kurz zuvor erfundene neue Form ist Zeichen für früher nicht gekannte dichterische Freiheiten und wird im zwanzigsten Jahrhundert, etwa beim Expressionisten Ernst Stadler, wahre Orgien feiern.

Ein Zwischenspiel ist Goethes und Schillers Klassik, wo nach den Ausbrüchen der Sturm-und-Drang-Zeit die verlorene Ordnung wieder hergestellt werden soll, und zwar vom freigewordenen Individuum selbst; entsprechend beruhigt sich auch die sprachliche Aussage zu übersichtlicher und normaler Klarheit. Erst der «West-östliche Divan» wird wieder mutiger und beschreitet ungewohnte sprachliche Wege. Goethe war, wenn er wollte, ein diktatorischer Beherrscher der Sprache, wenn auch die Kühnheiten seines Jugendstils später nie mehr erreicht werden. Das totale Verfügungsrecht über die Sprache wird ein Postulat moderner Lyriker sein.

Die Romantik

Schon vor dem «West-östlichen Divan» hat die Generation der nach Goethe geborenen Romantiker Texte herausgebracht, die bei weitem kühner sind und die man in unser Jahrhundert weisen würde, wenn man es nicht besser wüßte. Am stärksten vorgewagt haben sich wohl Novalis, Clemens Brentano und Friedrich Hölderlin. Zuerst sei ein Text von Novalis vorgelegt:

> Wenn nicht mehr Zahlen und Figuren
> Sind Schlüssel aller Kreaturen,
> Wenn die, so singen oder küssen,
> Mehr als die Tiefgelehrten wissen,
> Wenn sich die Welt ins freie Leben
> Und in die Welt wird zurückbegeben,
> Wenn dann sich wieder Licht und Schatten
> Zu echter Klarheit werden gatten
> Und man in Märchen und Gedichten
> Erkennt die wahren Weltgeschichten,
> Dann fliegt vor einem geheimen Wort
> Das ganze verkehrte Wesen fort.

Hier wird der Wissenschaft, die alles Lebendige auf Formeln abzieht, der Kampf angesagt, werden Gesang und Liebe gelobt, weil sie mehr von der Wahrheit des Lebendigen wissen. Es soll die Welt frei und damit erst wieder zu einer wirklichen Welt werden, es sollen sich Licht und Dunkel richtig mischen – davon gleich mehr –, und das Seiende soll dadurch poetisch, d. h. in seiner Tiefe fühlbar gemacht werden, Damit wird es zum Märchen und Gedicht verwandelt. Das «geheime Wort», das solche verwandelnde Kraft besitzt, das heißt die Wortmagie, hat eine große Zukunft vor sich. Es geht nicht mehr um die Abbildung einer geheimnislos gewordenen äußeren Realität oder von oberflächlich gewordenen Gefühlen, also nicht um eine nüchterne Mimesis, sondern um den Ausstieg in eine ganz andere, und zwar die wahre Welt, die der Dichter erkennt und im Worte aufscheinen läßt. Die «Hymnen an die Nacht» von Novalis werden diesen Ausstieg konsequent bewerkstelligen, indem das Licht des Tages und die den gewöhnlichen Menschen vertraute Wirklichkeit verlassen werden zugunsten einer nur im Innern wahrnehmbaren andern Wirklichkeit, die als die einzig wesentliche erklärt wird und in der, nach alter mystischer Tradition, in der Urnacht der Seele das göttliche Licht aufleuchtet, das heller ist als Sonnenlicht und allen Dingen neue Vorzeichen gibt. Auch das antihumanistische Bekenntnis der «Hymnen an die Nacht», in denen die griechischen Götter endgültig aus dem Bewußtsein weggewiesen werden, hat symptomatische Bedeutung. Die Verabschiedung der humanistischen Tradition, die seit dem fünfzehnten Jahrhundert zusammen mit der christlichen vorgeherrscht hatte, ist in die Wege geleitet und wird nicht mehr aufzuhalten sein.

Nach der Überzeugung des Novalis verstehen von den Weltgeheimnissen am meisten die Verstorbenen. Im Gedicht «Gesang der Toten» ist unter anderm zu lesen:

> Süßer Reiz der Mitternächte,
> Stiller Kreis geheimer Mächte,
> Wollust rätselhafter Spiele,
> Wir nur kennen euch.
> Wir nur sind am hohen Ziele,
> Bald in Strom uns zu ergießen,
> Dann in Tropfen zu zerfließen
> Und zu nippen auch zugleich.
>
> Uns ward erst die Liebe Leben;
> Innig wie die Elemente
> Mischen wir des Daseins Fluten,
> Brausend Herz mit Herz.

Wie im Traum von der blauen Blume im Romanfragment «Heinrich von Ofterdingen» wird auch hier das Zerfließen der Individualität im flüssigen Element der Liebe als das Eintauchen ins Göttliche gepriesen. Das Gedicht enthält weitere Aussagen, in denen die Sprache der Mystik hörbar wird:

> Immer wächst und blüht Verlangen,
> Am Geliebten festzuhangen,
> Ihn im Innern zu empfangen,
> Eins mit ihm zu sein,

> Seinem Durste nicht zu wehren,
> Sich im Wechsel zu verzehren,
> Voneinander sich zu nähren,
> Voneinander nur allein.

Nur in der ausschließlichen Hingabe an ein Du, die den Toten nach der Überzeugung von Novalis möglich ist, wird göttliche Fülle des Daseins erfahren.

> Eine göttlich tiefe Trauer
> Wohnt in unser aller Herzen,
> Löst uns auf in *eine* Flut.
> Und in dieser Flut ergießen
> Wir uns auf geheime Weise
> In den Ozean des Lebens,
> Tief in Gott hinein.

Noch fortschrittlicher ist Novalis in seinen theoretischen Äußerungen, die seit langem als eines der ersten konsequenten Programme modernen Dichtens erkannt worden sind. Dichten ist ihm eine höhere Mathematik, also etwas rein Abstraktes, aber auch eine Wortalchemie, also ein magisches Verfahren. Er will die «Poesie schlechthin», somit etwas wie die spätere «poésie pure». Dichtung soll sich vom gewöhnlichen Leben abkehren und «alle Bilder durcheinanderwerfen». Er will konstruierte, intellektuelle Lyrik. Gedichte «spielen nur mit sich selbst» und schirmen sich völlig gegen die Welt des Vertrauten ab. Auf «musikalische Seelenverhältnisse» kommt es an, das heißt auf eine Schwingung der Texte in ihren Tönen und Rhythmen. Sinn und Zusammenhang der Aussagen wird nicht mehr unbedingt erwartet. «Ich möchte fast sagen, das Chaos muß in jeder Dichtung durchschimmern.» Vom Chaos als Dichtungsursprung weiß auch Hölderlin zu sagen. Bahnbrechende Gedanken finden sich auch bei einem andern Zeitgenossen des Novalis, Friedrich Schlegel, der verlangte, daß sich die Dichtung von der Realität abstoße und im Imaginären, im Reich der Phantasie ansiedle. Er wollte, daß das dichterische Kunstwerk «produktive Universalpoesie» sei und damit zur Transzendenz vordringe, die er als einen Raum reiner Kunst versteht; wiederum ein weiteres Programm für die Zukunft.

Die ersten im strengen Sinn modernen Gedichte gibt es meines Wissens nach dem erstaunlichen Vorläufer Gongora bei Brentano und Hölderlin. Noch durchaus verständlich, obwohl zum Teil mit reinen Klangassoziationen ohne logischen Zusammenhang operierend ist das folgende «Wiegenlied» Brentanos:

> Singet leise, leise, leise,
> Singt ein flüsternd Wiegenlied,
> Von dem Monde lernt die Weise,
> Der so still am Himmel zieht.
>
> Singt ein Lied so süß gelinde,
> Wie die Quellen auf den Kieseln,
> Wie die Bienen um die Linde
> Summen, murmeln, flüstern, rieseln.

Hier wird die Welt in reine Musik verwandelt, die, unrealistisch genug, dem Mond abgelauscht ist, der offenbar nach uralter Anschauung an der Harmonie der Sphären Anteil hat. Die Klänge des Gedichts sind aber sich selbst genug und haben keinen Informationswert. Die Seele singt sich selbst ihren sie einwiegenden Gesang zu.
Noch Eichendorff wird in verwandter Weise die Welt in Musik und damit in Dichtung umwandeln:

> *Spruch*
> Schläft ein Lied in allen Dingen,
> Die da träumen fort und fort,
> Und die Welt hebt an zu singen,
> Triffst du nur das Zauberwort.

Wahrscheinlich ist das tonstärkste Wort in diesem Text die «Welt»: die ganze Welt wird Gesang, wenn sich das Dichterwort ihrer bemächtigt und sie zu Lyrik umwandelt. Rilke, der als Dichter nicht an Eichendorff heranreicht, ihn jedoch als Theoretiker der Dichtkunst übertrifft, wird aus dieser Aufgabe des Dichters ein eigentliches Programm machen. Für ihn heißt es, daß sich die Schöpfung erst vollendet, wenn sie durch das Wort des Dichters in Kunst verwandelt worden ist und damit ihr Ziel erreicht hat. Der Dichter ist für Rilke ein Gehülfe Gottes, wird doch, wie er gewagt und selbstherrlich behauptet, die welterschaffende Gottheit erst durch das poetische Wort an ihre Erfüllung gebracht, nämlich an die Vollendung der Dinge, die in ihrer absoluten Schönheit liegt. Die schweigenden Erscheinungen dieser Welt offenbaren, wenn sie in die Unsichtbarkeit des Dichterworts umgewandelt worden sind, ihren geistigen Gehalt und ihren göttlichen Kunstwert. Als Beleg diene folgendes verhältnismäßig frühe Gedicht Rilkes:

> Werkleute sind wir: Knappen, Jünger, Meister,
> Und bauen dich, du hohes Mittelschiff.
> Und manchmal kommt ein ernster Hergereister,
> Geht wie ein Glanz durch unsre hundert Geister
> Und zeigt uns zitternd einen neuen Griff.
>
> Wir steigen in die wiegenden Gerüste,
> In unsern Händen hängt der Hammer schwer,
> Bis eine Stunde uns die Stirnen küßte,
> Die strahlend und als ob sie alles wüßte
> Von dir kommt wie der Wind vom Meer.
>
> Dann ist ein Hallen von dem vielen Hämmern,
> Und durch die Berge geht es Stoß um Stoß.
> Erst wenn es dunkelt, lassen wir dich los:
> Und deine kommenden Konturen dämmern.
>
> Gott, du bist groß.

Vier andere Verse aus dem «Stundenbuch» lauten:

> Wir bauen an dir mit zitternden Händen,
> Und wir türmen Atom auf Atom.
> Aber wer kann dich vollenden,
> Du Dom.

Der Dom ist wieder die Gottheit, welche von Menschenhand zum vollendeten architektonischen Kosmos gemacht wird, wobei der Dom nur ein Gleichnis für das Weltengebäude ist. Zurück zu Brentano. War das oben zitierte Gedicht noch verständlich, so kann dasselbe von den folgenden Zeilen nur noch mit Einschränkung gesagt werden. Sie betören durch

die Magie ihrer Musik, wollen aber zum Nachdenken bloß
anregen, statt einen klar erkennbaren Sinn mitzuteilen:

Eingang
Was reif in diesen Zeilen steht,
Was lächelnd winkt und sinnend fleht,
Das soll kein Kind betrüben;
Die Einfalt hat es ausgesät,
Die Schwermut hat hindurchgeweht,
Die Sehnsucht hat's getrieben.
Und ist das Feld einst abgemäht,
Die Armut durch die Stoppeln geht,
Sucht Ähren, die geblieben;
Sucht Lieb, die für sie untergeht,
Sucht Lieb, die mit ihr aufersteht,
Sucht Lieb, die sie kann lieben.
Und hat sie einsam und verschmäht
Die Nacht durch, dankend in Gebet,
Die Körner ausgerieben,
Liest sie, als früh der Hahn gekräht,
Was Lieb erhielt, was Leid verweht,
Ans Feldkreuz angeschrieben:
«O Stern und Blume, Geist und Kleid,
Lieb, Leid und Zeit und Ewigkeit!»

Immerhin kann man den Sinn dieser Verse einigermaßen
erschließen, was sie von rein modernen und ganz alogischen
Gedichten noch unterscheidet. Das Buch, das Brentano mit
dem eben mitgeteilten Einleitungsgedicht vorlegt, ist das
Ergebnis eines Reifens. Der Leser wird um seine Gunst gebeten,
indem die Worte lächelnd winken und sinnend flehen.
Die Gedichte wollen niemanden aufstören, sondern durch
ihre Kindereinfalt bestricken. Schwermut und Sehnsucht
haben an ihnen mitgewirkt. Nachdem die Gedichte geschrieben
sind, bleibt der Dichter verarmt zurück, wie das Ährenfeld,
das abgemäht ist. Er sucht Liebe, die sich für ihn opfert,
Liebe, die mit ihm ein neues Leben beginnt. Von da ab wird
der Text dunkel. Sind die ausgeriebenen Körner die Dichtungsernte?
Was ist gemeint mit dem, «was Lieb erhielt, was
Leid verweht»? Gewinn und Verlust eines Daseins, das von
sich im Kunstwerk spricht? Ist das Feldkreuz ein Wegweiser
in die Zukunft, nachdem das Buch geschrieben ist, oder deutet

es an, zu was für Inhalten der Leser geführt werden soll? Der Spruch am Feldkreuz ist dann wiederum verständlich: Von himmlischer und irdischer Schönheit ist der Dichter ergriffen, vom göttlichen Geist und seiner Einkleidung in die sinnliche Erscheinung, vom Lieben und Leiden in der Zeitlichkeit und vom Ausblick ins Ewige.

Am weitesten in dichterisches Neuland vorgestoßen ist im Zeitalter der Romantik Friedrich Hölderlin, dessen schlechterdings geniales Dichtertum, mit dem sich in deutscher Sprache nur noch die Lyrik Goethes messen kann, nicht zufällig erst im Zeitalter des Expressionismus, und zwar von Männern wie Stefan George, Trakl und andern, erkannt worden ist. In jungen Jahren beginnt er mit seinen Hymnen an die Ideale der Menschheit, die wie keine andere Lyrik den ehernen Klang von Schillers Versen aufnimmt und durchweg verständlich ist. Dann setzen seine Oden und Epigramme ein, auch sie zunächst in vertrauter Menschenrede geschrieben, bis sie allmählich ins Dunkle und Rätselvolle übergehen und nur noch einem anhaltenden interpretatorischen Bemühen verständlich sind. Die großen Elegien und Hymnen der Spätzeit, zum Teil nicht einmal zehn Jahre nach den Hymnen an die Ideale der Menschheit entstanden, belegen die erstaunlich rasche Metamorphose von Hölderlins Dichtersprache, die bedeutend über Goethes Verwandlungsfähigkeit hinausreicht. Sie entgleiten zusehend ins Enigmatische, bis sie zuletzt ganz ins Unverstehbare geraten und nur noch einen ahnbaren Sinn abgeben. Der Weg der Interpretation ist derselbe, den man bei Dichtern des zwanzigsten Jahrhunderts beschreiten muß. Ein Privatmythus und eine private Religiosität müssen in zäher Arbeit entziffert werden, damit der Gehalt von Leitwörtern und Leitsymbolen, ja von ganzen Gedankenkomplexen erschlossen werden kann, wobei der frühe Roman «Hyperion» und die frühen Oden als Wegweiser dienen können, weil sie schon alle wichtigen Inhalte vermitteln und ihre Sprache dem Verstehen noch voll zugänglich ist.

Der wesentlichste Inhalt von Hölderlins Dichtung ist, daß er in einer götterlosen Zeit unter einem unfrommen, seelenlosen Geschlecht dichtet. Er selbst fühlt sich als Verkünder von kommenden neuen Göttern, deren Nahen er ahnt und prophezeiht; aber gerade weil er sie nicht kennt, ist er als Prophet ohne eine inhaltlich abgesicherte Verkündigung zu bezeichnen, ja wenn man sich weit vorwagen will, kann er sogar als Prophet ohne Prophetie bezeichnet werden: auch das eine sehr moderne Dichterposition. Immerhin unterscheidet ihn von der leeren Transzendenz so vieler Moderner, daß er vom Numinosen noch berührt ist und «tieferschüttert» von Leiden singt, die «hochherstürzend in unaufhaltsamen Stürmen» über ihn kommen. Es sind die von den kommenden Göttern oder den nicht gekannten jetzigen gesandten Leiden. Das Lied, das Hölderlin durch solch schreckliche Inspiration empfängt, hüllt er in das Gewand der Sprache ein und gibt es so an die Mitmenschen weiter, die damit «himmlisches Feuer» ohne Gefahr empfangen können. Er selbst aber steht «mit entblößtem Haupte» «unter Gottes Gewittern» und faßt des «Vaters Strahl» «mit eigner Hand». («Wie wenn am Feiertage...») Die Weitergabe solcher Botschaft, die in dichterische Sprache gefaßt ist, hat folgenden Sinn: In den Klängen, Rhythmen, Bildern und sonstigen Inhalten des Kunstwerks ist Göttliches so eingefangen, daß die Leser in der Seele getroffen werden und damit eingestimmt werden auf das Kommen der neuen Götter und auf die ihnen dann entgegenzubringende Frömmigkeit. Die Dichtung soll Glaubensfähigkeit wecken.

Die Möglichkeit für einen solchen Privatmythus und eine solche rein subjektiv empfangene Religiosität ohne voraufgehende theologische Tradition liegt in einer Entwicklung, die seit etwa 1750 in Europa um sich zu greifen begann. Nachdem die Aufklärung den Intellekt aus seiner «selbstverschuldeten Unmündigkeit» (Kant) befreit und die Vernunft selbständig und unabhängig gemacht hatte, geschah um die Mitte des achtzehnten Jahrhunderts die Emanzipation auch des subjektiven Gefühls. Der Sturm und Drang, mit Klopstocks ersten Gesängen des «Messias» 1747 einsetzend, von Winckelmann, dem reifen Lessing, Herder, dem jungen Goethe, dem jungen Schiller und andern unter reichlich wechselnden Vorzeichen fortgeführt, erobert dem einzelnen Menschen das Recht zur vollen Entfaltung der zutiefst angelegten Gefühlskräfte, also das Recht zu einer Subjektivität, die es auf Erden nur einmal gibt. Sie strömt ins Dichterwort ein. «Gefühl ist alles», schreibt Goethe im Faust, und Werther hegt nichts mit solcher Innigkeit wie sein Herz, durch das er sich ausgezeichnet, aber auch tödlich gefährdet weiß. Wenn er Lotte liebt, genießt er nicht zuletzt seine eigenen Empfindungskräfte. Die Abkapselung des eigenen Ich in sich selbst, die den modernen Menschen so häufig kennzeichnet und die zur Existenzphilosophie geführt hat, sendet ihre Vorboten voraus, und es ist bezeichnend, daß Goethe und Schiller in ihren größeren Frühwerken die Individuation als vernichtende Gefahr dargestellt haben und den einzelnen Helden an den «Grenzen der Menschheit» (= des Menschseins; diese Worte stehen im «Werther») scheitern ließen. Bei Hölderlin ist diese Abkapselung des Ich wie bei seinen Zeitgenossen Kleist und Beethoven zu einem schweren Leiden und zur noch abgründigeren Gefahr geworden, lange vor Nietzsche, Kafka und andern Modernen. Diesen drei gewaltigen Künstlern wurde die totale Isolation des Gefühls und das Zurückgeworfensein auf die eigene und einmalige Innerlichkeit zum Verhängnis. Sie kannten keine weltanschaulichen Sicherungen mehr, und man möchte auf sie bereits den Eingang eines Gedichts von Rilke anwenden: «Ausgesetzt auf den Bergen des Herzens». Es ist das Schicksal auch anderer Angehöriger der Generation deutscher Romantiker, die vor und nach 1770 geboren sind.

Doch wenden wir uns einzelnen Texten Hölderlins zu. In der Elegie «Brot und Wein», die man mit Recht als das Schlüsselgedicht zu seinem Werk bezeichnet hat, lesen wir über die Nacht der in der eigenen Zeit herrschenden Gottferne die folgenden Distichen (Strophe zwei):

> Wunderbar ist die Gunst der Hocherhabnen und niemand
>   Weiß, von wannen und was einem geschiehet von ihr.
> So bewegt sie die Welt und die hoffende Seele der Menschen,
>   Selbst kein Weiser versteht, was sie bereitet, denn so
> Will es der oberste Gott, der sehr dich liebet, und darum

> Ist noch lieber, wie sie, dir der besonnene Tag.
> Aber zuweilen liebt auch klares Auge den Schatten
>   Und versuchet zu Lust, eh es die Not ist, den Schlaf,
> Oder es blickt auch gern ein treuer Mann in die Nacht hin,
>   Ja, es ziemet sich, ihr Kränze zu weihn und Gesang,
> Weil den Irrenden sie geheiliget ist und den Toten,
>   Selber aber besteht, ewig, in freiestem Geist.
> Aber sie muß uns auch, daß in der zaudernden Weile,
>   Daß im Finstern für uns einiges Haltbare sei,
> Uns die Vergessenheit und das Heiligtrunkene gönnen,
>   Gönnen das strömende Wort, das, wie die Liebenden, sei,
> Schlummerlos und vollern Pokal und kühneres Leben,
>   Heilig Gedächtnis auch, wachend zu bleiben bei Nacht.

Der Sinn dieser Verse ist etwa so zu umschreiben: Obwohl der helle Tag, an dem die Götter sichtbar anwesend und erkennbar sind, wie einst im alten Griechenland, weit vorzuziehen wäre, hat auch die Nacht ihr Göttliches, nur daß sein Sinn ungreifbar und rätselhaft ist. Welches Schicksal sie den Menschen bringt, ist unbekannt. Der «oberste Gott» – wer das ist, teilt Hölderlins Werk nirgends mit – hat das aus einer nicht verstehbaren Liebe über die Menschen verhängt. Aber selbst ein klarer Blick – der Blick eines Frommen –, der gerne in den Göttertag schauen würde, liebt zuweilen die Nacht und den Schlaf. Sie ist nicht den Besonnenen und Lebendigen geweiht, sondern den Irrenden und den Toten (auch das eine zukunftsträchtige Aussage). Damit jedoch solche Nacht ausgehalten werden kann, muß sie denjenigen Wachen, die in sie ausgesetzt sind, einigen Halt und Trost gewähren: das Vergessenkönnen der verdüsterten Gegenwart dank einer dichterischen Trunkenheit, von der das Herz wie von einer Liebe ergriffen wird und die die Erinnerung an die altgriechischen Glückstage der Menschheit aufruft (davon spricht die dritte Strophe). Ungesagt geistert durch die hier besprochenen Verse die von Hölderlin oft erwähnte Angst vor dem Absterben alles Lebens, vor der Vertotung des Lebensgefühls sowie vor dem endgültigen Versinken in die Nacht des Wahnsinns, die für mehr als dreißig Jahre sein Schicksal sein sollte.

Davon spricht noch deutlicher ein zweiter, sehr später Text, das vielgerühmte Gedicht «Hälfte des Lebens», das so hermetisch spricht, daß es nur aus der Kenntnis von Hölderlins Gesamtwerk erklärt werden kann.

> Mit gelben Birnen hänget
> Und voll mit wilden Rosen
> Das Land in den See,
> Ihr holden Schwäne,
> Und trunken von Küssen
> Tunkt ihr das Haupt
> Ins heilignüchterne Wasser.
>
> Weh mir, wo nehm ich, wenn
> Es Winter ist, die Blumen, und wo
> Den Sonnenschein
> Und Schatten der Erde?
> Die Mauern stehn
> Sprachlos und kalt, im Winde
> Klirren die Fahnen.

Eine den Fluten sich zuneigende Landschaft ist vom Weltgesetz der Liebe ergriffen, sie ist heilig, aber dank der Nüchternheit des Wassers fern den Gefahren, die durch die Gewitter einer über den Menschen hereinbrechenden Gotteserfahrung drohen. Warum solche sommerliche Reife, Fülle und Schönheit vom Dichter wahrgenommen wird, ist nur aus dem zunächst unklaren Sinnbild der «liebenden Schwäne» zu erklären, für das den Schlüssel eine Stelle aus der Elegie «Menons Klagen um Diotima» liefert. Dort vergleicht der Dichter sich und seine einstige Geliebte, Susette Gontard, die er Diotima nannte, mit zwei Schwänen, die sich auf den reinen Wassern wiegen. Die zweite Strophe von «Hälfte des Lebens» erklärt diese Liebe als verloren. Statt der sommerlichen Schönheit der Landschaft sind nur noch lichtarmer Winter, abweisende Mauern und schrill klirrende Wetterfahnen wahrzunehmen. Die Möglichkeit dichterischen Sprechens ist gefährdet: «Die Mauern stehn sprachlos und kalt.» Man wird von solchen toten Steinwüsten im Winterwind späterhin noch oft in der Lyrik hören.

Ein Unterschied von Hölderlins Lyrik zu solcher unserer Zeit muß allerdings betont werden. Sie will nicht mit Absicht in die Unverstehbarkeit ausbiegen, sondern läßt sich durch genaue Interpretation aufschlüsseln, abgesehen von ganz späten Texten, in denen wahrscheinlich schon der unverstehbare Wahnsinn spricht.

Vergleicht man Hölderlins reife und späte Dichtung mit derjenigen Goethes, so nimmt man eine völlig andere Art von Schönheit der dichterischen Sprache wahr. Es ist diejenige eines ganz vereinsamten, visionären Redens und diejenige von kostbaren Bildern, die den Zugang zu ihrem Sinn schwer machen und gerade deshalb einen geheimnisvollen Reiz ausstrahlen. Es wird Jahrzehnte dauern, bis in Europa eine solch moderne Dichtersprache wieder gehört werden wird.

Ein letzter Text Hölderlins folgt, der seiner Schönheit wegen seit langem in vielen Anthologien zu finden ist, dessen Verständnis jedoch dem angestrengten Bemühen der Forschung erst in jüngster Zeit gelungen ist.

Andenken
Der Nordost wehet,
Der liebste unter den Winden
Mir, weil er feurigen Geist
Und gute Fahrt verheißet den Schiffern.
Geh aber nun und grüße
Die schöne Garonne,
Und die Gärten von Bordeaux
Dort, wo am scharfen Ufer
Hingehet der Steg und in den Strom
Tief fällt der Bach, darüber aber
Hinschauet ein edel Paar
Von Eichen und Silberpappeln;

Noch denket das mir wohl und wie
Die breiten Gipfel neiget
Der Ulmwald, über die Mühl,
Im Hofe aber wächset ein Feigenbaum.
An Feiertagen gehn
Die braunen Frauen daselbst
Auf seidnen Boden,
Zur Märzenzeit,
Wenn gleich ist Nacht und Tag,
Und über langsamen Stegen,

Von goldenen Träumen schwer,
Einwiegende Lüfte ziehen.

Es reiche aber,
Des dunkeln Lichtes voll,
Mir einer den duftenden Becher,
Damit ich ruhen möge; denn süß
Wär unter Schatten der Schlummer.
Nicht ist es gut,
Seellos von sterblichen
Gedanken zu sein. Doch gut
Ist ein Gespräch und zu sagen
Des Herzens Meinung, zu hören viel
Von Tagen der Lieb
und Taten, welche geschehen.

Wo aber sind die Freunde? Bellarmin
Mit dem Gefährten? Mancher
Trägt Scheue, an die Quelle zu gehn;
Es beginnet nämlich der Reichtum
Im Meere. Sie,
Wie Maler, bringen zusammen
Das Schöne der Erd und verschmähn
Den geflügelten Krieg nicht, und
Zu wohnen einsam, jahrlang, unter
Dem entlaubten Mast, wo nicht die Nacht durchglänzen
Die Feiertage der Stadt,
Und Saitenspiel und eingeborener Tanz nicht.

Nun aber sind zu Indiern
Die Männer gegangen,
Dort an der luftigen Spitz
An Traubenbergen, wo herab
Die Dordogne kommt
Und zusammen mit der prächtigen
Garonne meerbreit
Ausgehet der Strom. Es nehmet aber
Und gibt Gedächtnis die See,
Und die Lieb auch heftet fleißig die Augen,
Was bleibet aber, stiften die Dichter.

Wie in vielen seiner Spätgedichte bricht Hölderlins Phantasie nach einem fernen Raum auf, hier ausnahmsweise zu einem, den er von einem kurzen Aufenthalt als Hauslehrer in Bordeaux aus eigener Anschauung kannte. Der wehende Nordostwind lenkt das Denken zuerst auf die kühnen, vieles wagenden Schiffer; heldische Kühnheit war ein Wunschbild Hölderlins. Der kühle, scharfe und die mutigsten Lebensgeister weckende Wind soll jedoch zunächst nicht das Andenken an das Meer wecken, sondern dasjenige an die südwestfranzösische Landschaft. Sie erscheint zuerst mit den «scharfen Ufern» des Stroms und dem tief fallenden Bach: Vorstellungen, die nach dem Ausweis anderer Gedichte Hölderlins Todesgefahr und Todessehnsucht bedeuten und den Wunsch enthalten, sich in die Unendlichkeit des Meeres und damit ins Unendliche überhaupt hinaustreiben zu lassen. Gegenbild dazu ist eines der bei diesem Dichter so häufigen Idylle, die zum Bleiben einladen: Mancherlei Bäume, für Hölderlin seit je Sinnbild des Festen, Gutverwurzelten, außerdem einladende Feiertage, an denen Frauen ruhig dahingehen, zu einer Zeit, da die Tag- und Nachtgleiche Ruhe verheißt. Langsam sind die Stege, d. h. sie reissen den Menschen nicht ins Wagnis dahin, goldene Träume und einwiegende Lüfte sorgen außerdem für Frieden und Stille. Auch der Wein, Sohn von Himmel und Erde – darum «dunkeln Lichtes voll» –, schläfert ein. Das wird mit dem lösenden Einschlafen unter dem Schatten von Bäumen verglichen. «Seellos von sterblichen Gedanken zu sein» meint, wie andere Parallelstellen aus Hölderlins Werk belegen, flüchtigen und nichtigen Gedanken nachhängen, welche die Seele leer lassen. Demgegenüber äußert der Dichter den Wunsch, mit Freunden von «Tagen der Lieb» reden zu können. Aber die Gesprächspartner fehlen. Bellarmin und dessen Gefährte sind, wie man aufgezeigt hat, Vertreter eines heldischen Lebens, mit ihnen zu reden darum etwas Schönes. Hölderlinsche Helden tragen Scheue, an die Quelle zu gehen, somit zur Ruhe göttlichen Ursprungs, sondern sie suchen den «Reichtum» des Lebens über die Weiten der Meere hinweg, in der ausgebreiteten Vielfalt der Welt, die sie auf ihren Fahrten «wie Maler» zu einem prächtigen Gesamtbild zusammenbringen. Der «geflügelte Krieg» ist das Wagnis ausgedehnter Fahrten mit Segelschiffen, fern vom Idyll der ersten und zweiten Strophe. Statt der zur Ruhe einladenden grünen Bäume gibt es nur den entlaubten Schiffsmast; es fehlen die

«Feiertage der Stadt», die Klänge des Saitenspiels und der «eingeborene Tanz», also der Tanz der Heimatleute. Vom «luftigen Spiz» – nach schwäbischem Wortgebrauch wohl ein windumwehter Landvorsprung – sind die «Männer», also die Verwegenen, nach dem Hölderlinschen Land göttlicher Ursprünge und Offenbarungen, nach Indien, gefahren, um ihrem Dasein einen höchsten Sinn zu erobern. Verspricht solches Unternehmen Erfolg? Das wird in Frage gestellt; denn die See gibt zwar Gedächtnis, d. h. wesentliche Denkinhalte, die aus der Vergangenheit stammen, aber im Wechsel der Eindrücke müssen sie andern weichen und versinken wieder. Auf diese Weise kann keine Totalität des Bewußtseins, kein Allbewußtsein, zustandekommen, was auch immer unter derartigen Begriffen, die Hölderlin vertraut waren, zu verstehen ist. Sie zielen nach dem Ausweis des Romans «Hyperion» auf ein pantheistisches Einswerden mit dem Ganzen der Welt, auf eine Erlösung vom Gesetz der «Sukzession», der Zerstückelung des Daseins in Augenblicke, die einander ablösen. Die zweitletzte Zeile nimmt das südfranzösische Idyll wieder auf, in dessen Schönheit sich die Liebe der Menschen untereinander und mit der Natur entfalten kann; aber auch solche Liebe geht vorüber. Was über alle Zeiten wahr ist und dauert, sprechen die Dichter aus. Die berühmte Schlußzeile, unendlich oft zitiert – ob auch verstanden? – ist eine Selbstinterpretation des Gedichts. Indem Hölderlin vom «Andenken», und das heißt vom Gedenkenswerten spricht, das einst war, indem er ein makelloses Idyll des Schönen und der Liebe entwirft, indem er seine Erinnerungen auf Männer lenkt, die das Wagnis der Meere gesucht haben und nach den Ländern göttlichen Ursprungs ausgefahren sind, stellt er menschliche Grunderfahrungen dar, um die sein Dichten zu kreisen nicht müde wurde. Die für ihn selbst entscheidende weitere Grunderfahrung, die der Text meint, ist das Dichten selbst, um dessen Sinngebung und Rechtfertigung er sich stets nachhaltig bemüht hat. Hier bedeutet es Erinnerung an wesentliche Lebenswerte von einst, die er für die Leser seiner Gegenwart ins Gedächtnis ruft.

Das Biedermeier

Nach Hölderlin ist es Annette von Droste-Hülshoff, die neue Töne anschlägt. Sie hat sehr viele banale Gedichte geschrieben, wenn der dichterische Geist ihr nicht beistand; aber wenn die Zaubermacht der Sprache über sie verfügte, schrieb sie wie aus einer somnambulen Benommenheit heraus Verse von packender Neuheit. Eines ihrer besten Gedichte, «Durchwachte Nacht», setzt mit beinahe expressionistischen Versen ein:

> Wie sank die Sonne glüh und schwer,
> Und aus versengter Welle dann
> Wie wirbelte der Nebel Heer
> Die sternenlose Nacht heran!

Aussagen wie «glüh», «versengte Welle», die herangewirbelten Nebel in der sternenlosen Nacht sind bis dahin in deutscher Sprache noch kaum gehört worden. In andern Texten zeichnet sich die Droste durch eine geradezu elektrisierte Empfindlichkeit ihres Gefühls und ihres Sprachbewußtseins aus, etwa in dem bekannten Gedicht «Im Grase»:

> Süße Ruh, süßer Taumel im Gras,
> Von des Krautes Arome umhaucht,
> Tiefe Flut, tief tief trunkne Flut,
> Wenn die Wolk am Azure verraucht,
> Wenn aufs müde, schwimmende Haupt
> Süßes Lachen gaukelt herab,
> Liebe Stimme säuselt und träuft
> Wie die Lindenblüt auf ein Grab.

Das «schwimmende Haupt» weckt keine reale Vorstellung, ebensowenig das Lachen, das herabgaukelt (woher und von wem?), oder die Stimme, die «säuselt und träuft wie die Lindenblüt auf ein Grab». Derartige alogische Aussagen setzen sich in dem Gedicht durch alle seine weiteren Strophen fort:

> Wenn im Busen die Toten dann,
> Jede Leiche sich streckt und regt,
> Leise, leise den Odem zieht,
> Die geschloßne Wimper bewegt,
> Tote Lieb, tote Lust, tote Zeit,
> All die Schätze, im Schutt verwühlt,
> Sich berühren mit schüchternem Klang
> Gleich den Glöckchen, vom Winde umspielt.

In der trunkenen Stimmung, welche die erste Strophe herstellt, erwacht Vergangenes, längst Abgestorbenes zu neuem Leben in der Erinnerung.

> Stunden, flücht'ger ihr als der Kuß
> Eines Strahls auf den trauernden See,
> Als des ziehenden Vogels Lied,
> Das mir niederperlt aus der Höh,
> Als des schillernden Käfers Blitz,
> Wenn den Sonnenpfad er durcheilt,
> Als der heiße Druck einer Hand,
> Die zum letzten Male verweilt.

> Dennoch, Himmel, immer mir nur,
> Dieses eine mir: für das Lied
> Jedes freien Vogels im Blau
> Eine Seele, die mit ihm zieht,
> Nur für jeden kärglichen Strahl
> Meinen farbig schillernden Saum,
> Jeder warmen Hand meinen Druck
> Und für jedes Glück meinen Traum.

Die beiden letzten Strophen wenden sich wieder der Gegenwart zu und geben zunächst in einer an die Barockdichtung erinnernden Bilderfolge deren schnelle Flucht wieder. Dann erklärt sich das dichtende Ich bereit, für jeden Eindruck der Außenwelt ganz offen sein zu wollen, und sei er noch so bescheiden. Was in beiden Strophen und in dem gesamten Gedicht überhaupt auffällt, ist der Verzicht auf die Bildtradition der abendländischen Literatur, die Offenheit für das Ungewohnte und der Rückzug des Gefühls auf Geringes und Unscheinbares.

Mit vollem Text sei auch das Gedicht «Das Spiegelbild» wiedergegeben:

> Schaust du mich an aus dem Kristall
> Mit deiner Augen Nebelball,
> Kometen gleich, die im Verbleichen;
> Mit Zügen, worin wunderlich
> Zwei Seelen wie Spione sich
> Umschleichen, ja, dann flüstre ich:
> Phantom, du bist nicht meinesgleichen!
>
> Bist nur entschlüpft der Träume Hut,
> Zu eisen mir das warme Blut,
> Die dunkle Locke mir zu blaßen;
> Und dennoch, dämmerndes Gesicht,
> Drin seltsam spielt ein Doppellicht,
> Trätest du vor, ich weiß es nicht,
> Würd' ich dich lieben oder hassen?
>
> Zu deiner Stirne Herrscherthron,
> Wo die Gedanken leisten Fron
> Wie Knechte, würd' ich schüchtern blicken;
> Doch von des Auges kaltem Glast,
> Voll toten Lichts, gebrochen fast,
> Gespenstig, würd', ein scheuer Gast,
> Weit, weit ich meinen Schemel rücken.
>
> Und was den Mund umspielt so lind,
> So weich und hilflos wie ein Kind,
> Das möcht' in treue Hut ich bergen;
> Und wieder, wenn er höhnend spielt,
> Wie von gespanntem Bogen zielt,
> Wenn leis' es durch die Züge wühlt,
> Dann möcht' ich fliehen wie vor Schergen.
>
> Es ist gewiß, du bist nicht Ich,
> Ein fremdes Dasein, dem ich mich
> Wie Moses nahe, unbeschuhet,
> Voll Kräfte, die mir nicht bewußt,
> Voll fremden Leides, fremder Lust;
> Gnade mir Gott, wenn in der Brust
> Mir schlummernd deine Seele ruhet!
>
> Und dennoch fühl' ich, wie verwandt,
> Zu deinen Schauern mich gebannt,
> Und Liebe muß der Furcht sich einen.

> Ja, trätest aus Kristalles Rund,
> Phantom, du lebend auf den Grund,
> Nur leise zittern würd' ich, und
> Mich dünkt – ich würde um dich weinen!

Schon der Einsatz ist für das Zeitalter, in dem die Droste dichtet, ungewöhnlich. Die beiden Augen werden einem einzigen Nebelball verglichen, was alogisch ist, und sie werden mit einem Vergleich näher bezeichnet, der vom Firmament geholt ist: verbleichende Kometen. Dies Spiegelbild bezeichnet die Dichterin als Phantom, also als Totengespenst, das ihr das warme Blut in Eis verwandelt und die Haare verfärbt. In den Augen sitzt totes Licht; sie sehen wie gebrochen aus. All dies ergibt ein Bild abweisenden Schreckens, von dem das sprechende Ich weit abrückt. Auch etwas Verbrecherisches wird in den Gesichtszügen wahrgenommen und erklärt das Interesse der Droste an den Morden, die in der «Judenbuche» geschehen. In diesem Doppelgänger hausen völlig fremde, nicht gekannte Gefühle. Die Dämonisierung der eigenen Person hätte nicht gründlicher erfolgen können. Sie ist der ganzen romantischen Dichtergeneration mit ihrer Vorliebe für die Doppelgängerei gut bekannt. Georg Trakl und andere Dichter der neueren Zeit werden Mönche und abscheuliche Unmenschen ebenso nebeneinanderstellen, aber ohne Hinweis darauf, daß es sich um Selbstdarstellungen handelt, und zwar noch viel abruptere.

Wieder anders weist Mörike über seine Zeit hinaus. Wohl weiß auch er um das Doppelgängererlebnis und deutet es als Ankündigung des Todes, wie schon im altgermanischen Mythus («Erinna an Sappho»); doch der eigentliche Schrecken seines Lebens ist die von ihm leidenschaftlich geliebte und dann ihres liederlichen Lebenswandels wegen verstoßene Maria Meyer, der er als junger Theologiestudent eine Weile verfallen war. Man hat von ihr, sicher mit Recht, die zahlreichen Elementarwesen in Mörikes Dichtung abgeleitet, die Wasser-, Feuer-, Luft-, Musik- und Todesdämonen, lauter Symbole des Untermenschlichen, die schon der ganzen Romantik vertraut gewesen waren, bei diesem so betont humanen und liebenswürdigen Dichter jedoch überraschen. Sie bezeichnen die Bedrohung durch Mächte des Unbewußten, denen Mörike zeitweilig fast wehrlos ausgeliefert war. Indessen, wenn in der gelehrten Literatur auf Mörikes Vorläuferschaft zur Moderne eingegangen wird, ist es meist nicht dieser Sachverhalt, der erwähnt wird, sondern es pflegen die beiden Gedichte «Auf eine Christblume» und «Auf eine Lampe» zur Ehre zu kommen.

Auf eine Christblume

I   Tochter des Walds, du Lilienverwandte,
    So lang von mir gesuchte, unbekannte,
    Im fremden Kirchhof, öd und winterlich,
    Zum erstenmal, o schöne, find ich dich!

    Von welcher Hand gepflegt du hier erblühtest,
    Ich weiß es nicht, noch wessen Grab du hütest;
    Ist es ein Jüngling, so geschah ihm Heil,
    Ist's eine Jungfrau, lieblich fiel ihr Teil.

    Im nächt'gen Hain, von Schneelicht überbreitet,
    Wo fromm das Reh an dir vorüberweidet,
    Bei der Kapelle, am kristallnen Teich,
    Dort sucht' ich deiner Heimat Zauberreich.

    Schön bist du, Kind des Mondes, nicht der Sonne;
    Dir wäre tödlich andrer Blumen Wonne,
    Dich nährt, den keuschen Leib voll Reif und Duft,
    Himmlischer Kälte balsamsüße Luft.

    In deines Busens goldner Fülle gründet
    Ein Wohlgeruch, der sich nur kaum verkündet;
    So duftete, berührt von Engelshand,
    Der benedeiten Mutter Brautgewand.

    Dich würden, mahnend an das heil'ge Leiden,
    Fünf Purpurtropfen schön und einzig kleiden:
    Doch kindlich zierst du, um die Weihnachtszeit,
    Lichtgrün mit einem Hauch dein weißes Kleid.

    Der Elfe, der in mitternächt'ger Stunde
    Zum Tanze geht im lichterhellen Grunde,
    Vor deiner mystischen Glorie steht er scheu
    Neugierig still von fern und huscht vorbei.

II Im Winterboden schläft, ein Blumenkeim,
    Der Schmetterling, der einst um Busch und Hügel
    In Frühlingsnächten wiegt den samtnen Flügel;
    Nie soll er kosten deinen Honigseim.

> Wer aber weiß, ob nicht sein zarter Geist,
> Wenn jede Zier des Sommers hingesunken,
> Dereinst, von deinem leisen Dufte trunken,
> Mir unsichtbar, dich blühende umkreist?

An diesem Gedicht ist vieles vormodern. Das hier beschriebene, eben erst entdeckte Schöne gehört dem Winter an und ist dem menschlichen Bereich in einen Sakralraum entzogen, der die Heimat der Blume sein könnte, wenn es eine gäbe. Bilder völliger Keuschheit und Reinheit, damit auch der Unberührbarkeit rücken das Gebilde in die Nähe Dianas – eine andere schneeweiße Blume Mörikes wird in dem Gedicht «Datura suaveolens» als «Blume Dianas» bezeichnet – und in die Nähe der Mutter Gottes, welcher der Verkündigungsengel durch seine Berührung einen himmlischen Duft vermittelt hat. Eine ganze Kette von weiteren erlesenen Vergleichen wird aufgereiht, um das Unsagbare, Geheimnisvolle und Zauberische solcher nahezu körperloser Schönheit anzudeuten. Schließlich wird die Blume sogar umkreist vom Geist eines Schmetterlings, des feinsten aller Tierchen, das seit der Antike mit dem Tod in Verbindung gebracht wird und die materiefreie Seele bedeutet.

Daß das Gedicht mit gewählten Bildern etwas kaum Auszusprechendes dennoch mit Worten zu beschreiben versucht, hat man ihm als Nähe zum Symbolismus Mallarmés ausgelegt, ebenso die Unfruchtbarkeit und Winterlichkeit der Blume, ferner den menschenabgeschiedenen Standort des Schönen, endlich die leise Magie der Verse.

> *Auf eine Lampe*
> Noch unverrückt, o schöne Lampe, schmückest du,
> An leichten Ketten zierlich aufgehangen hier,
> Die Decke des nun fast vergeßnen Lustgemachs.
> Auf deiner weißen Marmorschale, deren Rand
> Der Efeukranz von goldengrünem Erz umflicht,
> Schlingt fröhlich eine Kinderschar den Ringelreihn.
> Wie reizend alles! lachend, und ein sanfter Geist
> Des Ernstes doch ergossen um die ganze Form –
> Ein Kunstgebild der echten Art. Wer achtet sein?
> Was aber schön ist, selig scheint es in ihm selbst.

Auch hier ist das Schöne dem lebendigen menschlichen Geschehen entrückt, wird kaum mehr beachtet und ist fast nur für sich selbst da, wie sich das in späterer Lyrik oft wird beobachten lassen. Außerdem ist Thema des Textes ein toter Gegenstand, was es zwar schon in der hellenistischen Lyrik gegeben hat, jedoch nicht mit ebensolcher Zartheit und Verhaltenheit des Sprechens. Auch diese Verhaltenheit des Sprechens ist mit Mallarmé in Verbindung gebracht worden – für die Germanisten ist er der Moderne schlechthin –, obwohl dessen stilles Murmeln von Mörike weder angestrebt noch gar erreicht wird.

Der Realismus

Beinahe erreicht wird es von Gottfried Kellers Gedicht «Winternacht»:

> Nicht ein Flügelschlag ging durch die Welt,
> Still und blendend lag der weiße Schnee,
> Nicht ein Wölklein hing am Sternenzelt,
> Keine Welle schlug im starren See.
>
> Aus der Tiefe stieg der Seebaum auf,
> Bis sein Wipfel in dem Eis gefror;
> An den Ästen klomm die Nix herauf,
> Schaute durch das grüne Eis empor.
>
> Auf dem dünnen Glase stand ich da,
> Das die schwarze Tiefe von mir schied;
> Dicht ich unter meinen Füßen sah
> Ihre weiße Schönheit Glied um Glied.
>
> Mit ersticktem Jammer tastet' sie
> An der starren Decke her und hin,
> Ich vergeß' das dunkle Antlitz nie,
> Immer, immer liegt es mir im Sinn!

Diese Landschaft in ihrer blendenden Schönheit ist bar jeglichen Lebens, ein im Grunde toter Raum. Auch solche Gespensterräume wird man später oft beschrieben finden. Die Nixe, die als einzig Lebendiges in die Winternacht eindringen könnte, bleibt unter das Eis gebannt; damit wird der Tod der Seele und der Liebe angedeutet, auch die Entrückung des Schönen in einen dem Menschen verschlossenen Raum der Kälte. Der Lebensbaum, in andern Gedichten Kellers gelegentlich sich hoch aus dem Wasser heraus in den Himmel ausbreitend, bleibt ebenfalls unter dem Eis und findet nicht zu dem oben stehenden Manne. Angst und Lähmung, Vertotung von Mensch und Landschaft sind der verborgene Sinn des Gedichts, das ausschließlich in seltenen Symbolen spricht: auch dies alles ist zukunftsträchtig. Der gleiche Dichter hat einen ganzen Gedichtzyklus geschrieben, in dem ein lebendig Begrabener spricht, bevor seine angsterfüllten letzten Augenblicke zu Ende gehen. Daß derartige

Augenblicke ausgerechnet für lyrische Gedichte einen guten
Nährgrund abgeben könnten, hätte man sich früher nicht so
ohne weiteres gedacht. Heute ist uns derartiges vertraut.
Auch ein postum erschienenes Gedicht Gottfried Kellers,
«Nachtlied», weist diesen Dichter als moderner aus, als man
üblicherweise glaubt:

> O ew'ge Nacht! o blaue klare Nacht,
> Und doch so schwer, so undurchdringlich dunkel!
> Du reicher tiefer fabelhafter Schacht
> Voll Sonnenerz, Sterndiamantgefunkel!
> Bald wie Kristall, so heiter und so licht,
> Glaub deinen tiefsten Grund ich zu durchschaun,
> Bis plötzlich dann mein schwaches Auge bricht,
> Erdrückt von deinem bittern Todesgraun!
>
> Dein Schweigen tönt wie Donner meinem Ohr,
> Dein leises Lispeln ist ein endlos Tosen.
> Wie Orgelklang, ein Riesenglockenchor,
> Umwogt mich deiner Lüfte stilles Kosen!
> Und ich allein in diesem Wehn und Braus,
> Dir grauem Rätsel ankerlos zum Raub!
> Mahnst zum Gebet du, finstres Gotteshaus?
> Ich werfe schluchzend mich vor dir in Staub.
>
> Ich werf mein blutend Herz in diesen Schlund,
> Ins Meer der Nacht, und angle nach dem Gotte!
> Doch hungrig Gewürm wühlt auf dem Grund
> Und schlingend Meergewächs, der Zweifel Rotte!
> Und ziehe meinen Köder ich zurück,
> So ist er angenagt und voller Schlamm;
> Kaum bleibt mir meines Herzens bestes Stück,
> Der urgewesne reine Kern und Stamm!
>
> Doch schlägt er schon in neue Reiser aus,
> Und diese pflanz ich in das luftig blaue
> Erdreich der Nacht, wo bald ein wehend Haus
> Von grünen Zederkronen ich erschaue.
> Aus meinen Blicken sprossen Palmen an,
> Ich wandle singend drunter hin und her,
> Mit Schild und Schwerte bin ich angetan,
> Zu wahren mein Palladium hoch und hehr:
>
> Der reine Zweifel ist mein Schatz und Hort!
> Er ist das Salz von meinem Seelenleben!

> Er ist die Kraft, das schöpferische Wort,
> Die meinem Blutschlag seinen Umschwung geben!
> Und ist gelöst mein letzter Zweifel einst,
> O dann ist auch mein Glaube ab und tot!
> Die du ein unauflösbar Rätsel scheinst,
> Urdunkle Nacht, in dir ist Morgenrot.

Dieses Gedicht steht genau zwischen Tradition und Moderne. Es wendet sich, wie so viele lyrische Texte Gottfried Kellers, am Schluß ins Positive, in eine herkömmliche Zuversicht, nachdem zunächst doch dunkle Töne angeschlagen worden sind. Von diesen ist vor allem zu reden. Die Bilder von Erz, Diamant und Kristall nehmen die heutige Vorliebe für das leblose, aber köstliche Mineral vorweg, die übrigens schon mit Novalis beginnt. Die Nacht selbst ist Zeichen für das Rätsel des Daseins mit seinen Widersprüchen, Gegensätzen und Ängsten. Das Sonnenerz in der Finsternis hat mit Kellers sonstigem Wirklichkeitssinn nichts zu tun, und ebenso realitätsfern, aber tief religiös ist die mächtige Gottesmusik, die in den leisen Klängen der Nacht gehört wird. Echt religiös bei diesem späteren Atheisten ist in diesem Jugendgedicht auch das brechende Auge und das «Todesgrauen», welche die verzweifelte und nicht ganz geglaubte Gotteserfahrung begleiten. Ein «finstres Gotteshaus» wird wahrgenommen, ein «graues Rätsel». Die Transzendenz ist ungreifbar geworden, das Herz blutet darob und wirft sich suchend in den «Schlund», ins «Meer der Nacht», um nach dem Gotte zu angeln. Doch statt ihn zu finden, kommt der Köder aus der Weltendunkelheit angenagt und voller Schlamm zurück. Im Grund des Daseins gibt es «hungeriges Gewürm» und «schlingend Meergewächs, der Zweifel Rotte». Immerhin, die Substanz des Herzens bleibt einstweilen noch unversehrt; Keller läßt sich, auch wenn die Verzweiflung bei ihm anklopft, einfach nicht kleinkriegen. Er hat das auch im Leben bewiesen, als er nach Jahrzehnten des existentiellen Scheiterns und der manchmal baren Verzweiflung schließlich als erster Staatsschreiber des Kantons Zürich und als Mitglied des Kantonsparlaments ein bestbewährter Mann wurde. Dem entspricht es, zeitlich weit vorausliegend, daß er wenigstens in manchen Dichtungen – andere sind trost- und hoffnungslos – wieder Zuversicht gewinnt. In Strophe vier beginnt der angeschlagene Lebensbaum wieder zu wachsen, Palmen sprossen aus den Augen, was man bei einem deutschen Lyriker, der vor der Mitte des letzten Jahrhunderts den vorgelegten Text schrieb, nicht erwarten würde, und das dichterische Ich wandert sogar singend unter diesen aus ihm gewachsenen Bäumen umher. Aber es bleibt dabei, daß die Nacht Gottes ein «unauflösbar Rätsel» scheint.

Als drittes Gedicht Kellers sei eines vorgeführt, das zu seinen zahlreichen Totengrotesken in Lyrik, Prosa und Zeichnungen gehört:

> *Winterabend*
> Schneebleich lag eine Leiche und es trank
> Bei ihr der Totenwächter unverdrossen,
> Bis endlich ihm der Himmel aufgeschlossen
> Und er berauscht zu ihr aufs Lager sank.
>
> Von rotem Wein den Becher voll und blank
> Bot er dem Toten; bald war übergossen
> Das Grabgesicht und purpurn überflossen
> Das Leichenhemd; so trieb er tollen Schwank.
>
> Die trunken rote Sonne übergießt
> Im Sinken dieses schneeverhüllte Land,
> Daß Rosenschein von allen Hügeln fließt;
>
> Von Purpur trieft der Erde Grabgewand,
> Doch die verblaßte Leichenlippe tut
> Erstarrt sich nimmer auf der roten Flut.

Es ist Winter, die Erde ein «Grabgewand»; das Gedicht besingt eine Leiche. Ein besoffener Totenwächter sinkt zu dem Aufgebahrten nieder und bietet ihm Wein an, ja verschüttet diesen über das leblose Angesicht und das Leichenhemd. Während sich so das Leben toll und absurd an der Bahre gebärdet, versucht auch die sinkende romantische Abendsonne, «trunken rot», den Abgeschiedenen zu erreichen. Aber alle Romantik ist vergeblich; die erstarrte Leichenlippe kann auf nichts mehr reagieren. Wie persönlich das Motiv des Gedichts gemeint ist, bezeugt einer der melancholischsten Texte des so

depressiv veranlagten Keller, das Gedicht «Ein Tagewerk».
Darin schreibt der Versagende über sich selber:

> Ein fremder Körper ohne Form und Schall,
> So, däuchte mir, lag ich im regen All.

Um das lebendig Begrabensein geht es auch hier. Tod und Unsinn des Lebens, so könnte man das Thema von «Winterabend» umschreiben. Jedermann weiß allerdings, daß Keller oft auch eine unverwüstliche Lebensfreude an den Tag gelegt hat.
Ich komme zu Conrad Ferdinand Meyer. Er ist schon oft mit den französischen Symbolisten zusammengezählt worden, wohl aus dem einfachen Grund, weil er so viele Symbole mit so viel Nachdruck verwendet. Doch seine Technik ist diejenige der Parnassiens, nicht die Mallarmés. Nie sind seine Gedichte verrätselt und undeutbar. Daß sie dennoch ein Janusgesicht haben, das in die Vergangenheit, aus der sie herkommen, und in die Zukunft, die sie ankündigen, weist, muß zugegeben werden. Daß sie in die Zukunft deuten, ist freilich nicht so leicht aufzuzeigen.
Beginnen wir bei einigen Lieblingsthemen. Da ist die Kunst, die manchmal als einziger Sinn in einem sinnlos werdenden Dasein erscheint – Meyers Christentum war von starken Zweifeln unterhöhlt –, da ist das erlöschende Leben und die Stille, in der die Sprache kaum mehr zu reden wagt, da ist der Gegensatz zwischen dem vollen Leben, das böse, gefährlich und schmutzig ist, und den Räumen einer Todesstille, wo allein Reinheit und Erlösungsmöglichkeit herrscht, da sind die stagnierenden Gewässer, auf denen Todesschiffe zu einem unbekannten Ziel fahren, da ist verhaltenste Liebe neben entfesselter Leidenschaft, die sadistisch mit dem Symbol des Bluts verkoppelt ist, da ist der nekrophile Lobpreis von toten jungen Mädchen und vieles andere Sonderbare, durch das sich Meyer als Exzentriker ausweist, und alle diese zum Teil abweisenden Inhalte sind wie später bei Gottfried Benn mit einem außergewöhnlich anspruchsvollen Formwillen vorgetragen. Meyer teilt mit seinen jüngeren Zeitgenossen Nietz-

sche und Spitteler, die viel entschiedener als er modern sind, viele Themen und Denkinhalte – was nachzuweisen wäre, wenn der Raum dafür zur Verfügung stände.

Nachtgeräusche
Melde mir die Nachtgeräusche, Muse,
Die ans Ohr des Schlummerlosen fluten!
Erst das traute Wachtgebell der Hunde,
Dann der abgezählte Schlag der Stunde,
Dann ein Fischer-Zwiegespräch am Ufer,

Dann? Nichts weiter als der ungewisse
Geisterlaut der ungebrochnen Stille,
Wie das Atmen eines jungen Busens,
Wie das Murmeln eines tiefen Brunnens,
Wie das Schlagen eines dumpfen Ruders,
Dann der ungehörte Tritt des Schlummers.

Das Gedicht ist herkömmlich und konventionell angelegt, ist jedoch in seiner Aussage neu. Die stille Wortmusik, verhaltener als je zuvor bei einem deutschen Lyriker, und der schwache Rhythmus werden von Vers zu Vers leiser und stoßärmer, bis der Text in einen Raum des völligen Schweigens ausmündet. Diese Tonlage berechtigt nun freilich doch, von einer Nähe zu Mallarmé zu sprechen. Das Gedicht scheint sich an keinen Leser zu wenden, sondern spricht mit sich selbst. Auch das lyrische Ich, das sich zwar nennt («mir»), ist, wenn man recht hinhört, in dem Text kaum vorhanden; eine unbekannte Muse spricht. Das Einschlafen und die Entwesung des Seins vollziehen sich ganz für sich selbst, als ein Stillwerden des Seeufers. Was bleibt, wenn alle Töne verklungen sind? Ein ereignisloses Schweigen. Das ist in vielen andern Gedichten Meyers so. Selbst ein Liebesgedicht kann in der Weise enden, daß von der Geliebten nur noch Stapfen im Boden, über den sie gegangen ist, zurückbleiben. In dem Gedicht, das in leidenschaftlich sich gebärdender Sprache den Mord Alexanders an seinem besten Freund Kliton darstellt, rollt am Schluß ein herrenloser Becher die Stufen hinunter, zum Zeichen, daß die bacchische Raserei sich ausgetobt hat. Obwohl Meyer von den großen Taten der Politik und des Krieges fasziniert ist und überhaupt die starken Leidenschaften preist, nimmt er in seinen Dichtungen von beidem Abschied und zieht sich selbst in ein Dasein zurück, das er mehr als einmal klosterähnlich genannt hat. Aber die Mönchskutte, die er trägt, ist das Feierkleid des Dichters, dem die Kunst nicht nur zum Lebens-, sondern sogar zum Religionsersatz geworden ist. Es ist bezeichnend, daß dieser Mann, der täglich in der Bibel las, weil er sich seiner Erziehung zum Christentum wegen dazu verpflichtet fühlte, als Sinnbild für das Dichtertum eine heidnische Priesterin wählte:

Das heilige Feuer
Auf das Feuer mit dem goldnen Strahle
Heftet sich in tiefer Mitternacht
Schlummerlos das Auge der Vestale,
Die der Göttin ewig Licht bewacht.

Wenn sie schlummerte, wenn sie entschliefe,
Wenn erstürbe die versäumte Glut,
Eingesargt in Gruft und Grabestiefe
Würde sie, wo Staub und Moder ruht.

Eine Flamme zittert mir im Busen,
Lodert warm zu jeder Zeit und Frist,
Die entzündet durch den Hauch der Musen
Ihnen ein beständig Opfer ist.

Und ich hüte sie mit heilger Scheue,
Daß sie brenne rein und ungekränkt;
Denn ich weiß, es wird der ungetreue
Wächter lebend in die Gruft versenkt.

Der aristokratische, die Welt abwehrende Grundzug dieser Strophen weist auf Paul Valéry voraus. Die Situation ist diejenige vieler moderner Autoren: Dichten als einzige Rettung mitten in der Nacht des Daseins und über einem Todesabgrund, dem sich das Bewußtsein stets zuwendet. Zur Modernität Meyers gehört auch das Übergewicht der Form im einzelnen Gedicht wie in der raffinierten und strengen Architektur des ganzen Gedichtbands. Das gab es schon bei Baudelaire. In sie hineingegossen wird das Rätsel, das der Mensch sich selbst ist, das Rätsel des Daseins, das Rätsel Gottes und das für Meyer bedrängendste: das Rätsel des Todes. «Pelide, sprich!, was ist der Tod?» («Der Tod des Achill»).

Die Entleerung des Daseins von allem Leben und allem Sinn ist ein häufiges Thema dieses Dichters:

> *Eingelegte Ruder*
> Meine eingelegten Ruder triefen,
> Tropfen fallen langsam in die Tiefen.
>
> Nichts das mich verdroß! Nichts das mich freute!
> Niederrinnt ein schmerzenloses Heute!
>
> Unter mir – ach, aus dem Licht verschwunden –
> Träumen schon die schönern meiner Stunden.
>
> Aus der blauen Tiefe ruft das Gestern:
> Sind im Licht noch manche meiner Schwestern?

Wie bezeichnend ist schon die Überschrift dieses Gedichts! Hier hat das Leben abgedankt, und das wird vom Dichter so nachdrücklich empfunden, daß er in die Verse ganz sinnlose Ausrufezeichen einlegt. Es bleibt nur noch das Warten auf die wenigen Tage – «die Schwestern des Gestern» –, die vom Tode trennen.

Das Leben gilt grundsätzlich als unrein – bei Sartre wird das wie in ungezählten andern Partien moderner Dichtung Ekel heißen –; nur die Todesnähe ist reinigend. Darum die Vorliebe für das Firnelicht des Hochgebirges, das wie der ruhende See ein Todesraum ist, wo sich kaum noch etwas bewegt und dem sich der Mensch brüderlich nahe fühlt. Eine klar umrissene Individualität hat Meyer nicht mehr; auch das ist hochmodern. Etwa achtmal hat seine Handschrift ihren Duktus bis zur Unkenntlichkeit geändert. Man fragt sich mit dem Dichter selbst, ob ein solcher Mensch noch Blut in den Adern habe oder nur «gemalt und abgespiegelt» sei, also Schein ohne Leben («Mövenflug»). Die Schwester Betsy erzählt, wie sie einmal mit ihm reglos an einem Hang über dem Oberalppaß gesessen sei, bis Passanten hinauf zusteigen begannen, die meinten, dort oben säßen zwei Tote. Früher einmal hörte er, wie Leute vor seinem Wohnhaus mutmaßten, er sei gestorben, weil man ihn nicht mehr sehe. Daraufhin stieß er die Fensterläden auf, hinter denen er uferlos und ziellos las, und ließ vernehmen, es gebe ihn noch. Sogar seine Mutter sagte zu Gästen, Conrad sei für sie so gut wie gestorben. Mehrmals hat er das Motiv des Kretinen aufgegriffen, auch dasjenige des Blinden oder des Gescheiterten, der auf dem Meer herumtreibt und Rettung sucht. Man fühlt sich angesichts dieser Existenz an Gottfried Benns Gedicht über Chopin erinnert, das hier als Beispiel für das morbide Selbstverständnis neuerer Autoren wiedergegeben sei:

Chopin
Nicht sehr ergiebig im Gespräch,
Ansichten waren nicht seine Stärke,
Ansichten reden drum herum,
Wenn Delacroix Theorien entwickelte,
Wurde er unruhig, er seinerseits konnte
Die Notturnos nicht begründen.

Schwacher Liebhaber;
Schatten in Nohant,
Wo George Sands Kinder
Keine erzieherischen Ratschläge
Von ihm annahmen.

Brustkrank in jener Form
Mit Blutungen und Narbenbildung,
Die sich lange hinzieht;
Stiller Tod
Im Gegensatz zu einem
Mit Schmerzparoxysmen
Oder durch Gewehrsalven:
Man rückte den Flügel (Erard) an die Tür
Und Delphine Potocka
Sang ihm in der letzten Stunde
Ein Veilchenlied.

Nach England reiste er mit drei Flügeln:
Pleyel, Erard, Broadwood,
Spielte für zwanzig Guineen abends
Eine Viertelstunde
Bei Rothschilds, Wellingtons, im Strafford House
Und vor zahllosen Hosenbändern;
Verdunkelt von Müdigkeit und Todesnähe
Kehrte er heim
Auf den Square d'Orléans.

Dann verbrennt er seine Skizzen
Und Manuskripte,
Nur keine Restbestände, Fragmente, Notizen,
Diese verräterischen Einblicke –
Sagte zum Schluß:
«Meine Versuche sind nach Maßgabe dessen vollendet,
Was mir zu erreichen möglich war.»

Spielen sollte jeder Finger
Mit der seinem Bau entsprechenden Kraft,
Der vierte ist der schwächste
(nur siamesisch zum Mittelfinger).
Wenn er begann, lagen sie
Auf e, fis, gis, h, c.

Wer je bestimmte Präludien
Von ihm hörte,
Sei es in Landhäusern oder
In einem Höhengelände
Oder aus offenen Terrassentüren
Beispielsweise aus einem Sanatorium,
Wird es schwer vergessen.

Nie eine Oper komponiert,
Keine Symphonie,
Nur diese tragischen Progressionen
Aus artistischer Überzeugung
Und mit einer kleinen Hand.

Kunst ist nach dem Ausweis dieser Verse wie schon bei Meyer das Produkt innerer Dekadenz; der Künstler taugt wenig für das praktische Leben, ist aber ein kostbarer Aristokrat, der «tragische Progressionen aus artistischer Überzeugung mit einer kleinen Hand» von sich gibt. Das Werk verlangt keine Rechtfertigung mehr, die außer ihm liegt, sei sie moralischer, gesellschaftlicher oder religiöser Art: «Er seinerseits konnte die Notturnos nicht begründen.» Was an Benns Gedicht nicht auf Meyer paßt, ist allerdings mehrerlei. Meyer war Dichter, nicht Musiker, war von starker Statur, ausdauernd im Schwimmen und im Bergsteigen, und er war ergiebig im Gespräch, um sich die Mitmenschen durch Reden vom Leibe zu halten. Aber die Lebensschwäche und Lebensferne, die Benn an Chopin hervorhebt, gelten auch für ihn. Er war gleicherweise morbid.

Sein wohl persönlichstes Motiv in Lyrik und Prosa ist dasjenige des auf den Tod Verwundeten. Seine Krankheit war eine Seelenkrankheit, nicht eine solche des Leibes. Obwohl er reich war, aristokratisch lebte und vornehm schrieb, nimmt er die Lebensuntauglichkeit eines Kafka voraus. Mit fünfundvierzig Jahren sproßte sein erster Schnurrbart, mit fünfzig heiratete er und schloß damit eine Ehe, die für ihn zur Katastrophe werden sollte. Die Mutter ging ins Wasser, die Tochter auch, er selbst überlegte sich in seinen schlimmsten Jahren halbe Nächte lang, in denen er mit einem Ruderschiff auf dem Zürichsee lag, ob er sich der Wassertiefe anheimgeben solle: vererbter Hang zu einer bestimmten Form des Selbstmords. In «Nicola Pesce» hat er ein Lieblingsmotiv neuerer Lyrik vorweggenommen, dasjenige der im Wasser treibenden Leiche. Es handelt sich übrigens um Schillers ertrunkenen Taucher.

Man kann von Meyer sagen, daß er in seinem Lebensgefühl schon durch und durch modern war, sich in seinem Dichten jedoch formal noch stark an die Tradition anschloß. Sein privatestes Ebenbild, obwohl weit in die historische Ferne des Mittelalters hinausgerückt und zum großen Politiker stilisiert, ist Thomas Becket in der Novelle «Der Heilige». Dieser Hofmann mit seinem erlesenen Geschmack und seinen vorbildlichen Sitten fühlt sich im Grunde von der Welt abgestoßen und schafft sich mitten in der Einsamkeit der Wälder ein Refugium, nämlich ein Haus samt Gebetsraum in kostbarem maurischem Stil. Das künstlich errichtete, anorganische Kunstschöne, das man selbst herstellt oder herstellen läßt, um sich darin von der Welt auszusondern, weist auf moderne Überzeugungen voraus und wird schon bald in Stefan Georges «Algabal» eine Verwirklichung erhalten, die über Thomas Beckets heidnisches Privatkloster weit hinausgeht. Algabal wohnt in edlen unterirdischen Palasträumen, in denen alles künstlich ist und deren Farben das Gewöhnliche meiden. Schwarz herrscht vor. Die Architektur und die fremdartigen Farben nehmen in ihrer Autonomie des Stils und in ihrer Aussonderung aus der lebendigen Wirklichkeit die abstrakte Malerei vorweg.

Diese Aussparung einer Art von Sakralraum für das Kunstschöne kennt schon Mörikes Gedicht «Auf eine Lampe», dann aber besonders Stifter in seinem «Nachsommer», dem Roman, der einerseits in Goethes Nachfolge steht und anderseits viel mehr, als man es ahnt, in die Zukunft weist. Im Rosenhaus herrscht eine keimfreie, durch und durch geordnete und leidenschaftslos gewordene Lebensweise, die eben dadurch kein eigentliches Leben im herkömmlichen Sinne mehr ist. Es wird der Kunst, der Wissenschaft und der Ehrfurcht vor allem Bedeutenden, auch vor den höchsten Menschenqualitäten geopfert. Die totale Trennung von Kunst und Alltagsleben wird dann allerdings in der deutschen Dichtung erst das zwanzigste Jahrhundert bringen. Man denke an Kafkas «Hungerkünstler», der zwar noch auf dem Welttheater auftritt, aber keine Rolle mehr zu spielen weiß. Seine als außerordentlich gepriesene Kunst besteht darin, nicht zu essen und sich nicht zu regen, weil außer dem Leben auch die Kunst ihrer Produktivität verlustig gegangen ist; alles käme verfehlt heraus. Daß sich im köstlichen Kunstwerk der völlige Stillstand eines leer und sinnlos gewordenen Lebens ausspricht, läßt sich auch bei Georg Trakl beobachten, und bei zahllosen andern.

Friedrich Nietzsche

Im Unterschied zu Conrad Ferdinand Meyer bricht Friedrich Nietzsche mit aller Tradition, obwohl er ausgerechnet Professor des Griechischen war. Für ihn ist das Leben ein Grauen schlechthin, eine im Grunde des Daseins verankerte Tragödie ohne Ende und ohne erkennbaren Sinn. Trost und Halt bieten ihm nur ein äußerst sensibilisierter Intellekt und die Kunst, sei es Musik oder Dichtung. Weil ihm die moderne Menschheit als Krankenhaus erschien, in dem jeder in dienender Ergebenheit den andern pflegt, pries er starke Verbrechernaturen wie Cesare Borgia, die «blonde Bestie». Er ist damit beschäftigt, alle herkömmlichen und vertrauten Menschenregungen in sich abzutöten und sich für den kommenden Übermenschen zu opfern, von dem er nicht weiß, wie er aussehen wird.

Seine Lyrik beginnt in der Jugendzeit mit nachromantischen Gedichten der Wehmut und Vergänglichkeitstrauer und mündet schließlich in die Dionysosdithyramben, die man zwar verstehen kann, die jedoch in den Inhalten beinahe so modern sind wie gleichzeitige französische Texte, von denen man behauptet, sie allein hätten die moderne Lyrik schon vor 1900 eingeleitet. Daß Nietzsche weniger als sie beachtet wurde, hat allerdings seinen guten Grund: Er war ein bedeutender Philosoph, aber kein besonders guter Dichter. Doch seine Themen verdienen eine genauere Besprechung. Wieder müssen einige Proben genügen, ferner einige Paraphrasen von Gedichten.

Der erste Dithyrambus weist schon im Titel darauf hin, daß das Dichtersein fragwürdig geworden ist.

Nur Narr! Nur Dichter!
Bei abgehellter Luft,
Wenn schon des Taus Tröstung
Zur Erde niederquillt,
Unsichtbar, auch ungehört
– denn zartes Schuhwerk trägt
der Tröster Tau gleich allen Trostmilden –
Gedenkst du da, gedenkst du, heißes Herz,

Wie einst du durstetest
Nach himmlischen Tränen und Tauteträufel
Versengt und müde durstetest,
Dieweil auf gelben Graspfaden
Boshaft abendliche Sonnenblicke
Durch schwarze Bäume um dich liefen,
Blendende Sonnen-Glutblicke, schadenfrohe.

Der Wahrheit Freier – du? so höhnten sie
Nein! nur ein Dichter!
Ein Tier, ein listiges, raubendes, schleichendes,
Das lügen muß,
Das wissentlich, willentlich lügen muß,
Nach Beute lüstern,

Bunt verlarvt,
Sich selbst zur Larve,
Sich selbst zur Beute
Das – der Wahrheit Freier?...
Nur Narr! Nur Dichter!
Nur Buntes redend,
Aus Narrenlarven bunt herausredend,
Herumsteigend auf lügnerischen Wortbrücken,
Auf Lügen-Regenbogen
Zwischen falschen Himmeln
Herumschweifend, herumschleichend –
Nur Narr! Nur Dichter!

Das – der Wahrheit Freier?...

Nicht still, starr, glatt, kalt,
Zum Bilde worden,
Zur Gottes-Säule,
Nicht aufgestellt vor Tempeln,
Eines Gottes Türwart:
Nein! feindselig solchen Tugend-Standbildern,
In jeder Wildnis heimischer als in Tempeln,
Voll Katzen-Mutwillens
Durch jedes Fenster springend
Husch! in jeden Zufall,
Jedem Urwalde zuschnüffelnd,
Daß du in Urwäldern
Unter buntzottigen Raubtieren
Sündlich gesund und schön und bunt liefest,
Mit lüsternen Lefzen,
Selig-höhnisch, selig-höllisch, selig-blutgierig,
Raubend, schleichend, lügend liefest...

Oder dem Adler gleich, der lange,
lange starr in Abgründe blickt,
In seine Abgründe...
– o wie sie sich hier hinab,
hinunter, hinein,
in immer tiefere Tiefen ringeln!
Dann,
plötzlich,
geraden Flugs
Gezückten Zugs
Auf Lämmer stoßen,
Jach hinab, heißhungrig,
Nach Lämmern lüstern,
Gram allen Lamms-Seelen,
Grimmig gram allem, was blickt
Tugendhaft, schafmäßig, krauswollig,
Dumm, mit Lammsmilch-Wohlwollen...

Also
Adlerhaft, pantherhaft
Sind des Dichters Sehnsüchte,
Sind deine Sehnsüchte unter tausend Larven,
Du Narr! Du Dichter!...

Der du den Menschen schautest
So Gott als Schaf –,
Den Gott zerreißen im Menschen
Wie das Schaf im Menschen
Und zerreißend lachen –
Das, das ist deine Seligkeit,
Eines Panthers und Adlers Seligkeit,
Eines Dichters und Narren Seligkeit!...

Bei abgehellter Luft,
Wenn schon des Monds Sichel
Grün zwischen Purpurröten
Und neidisch hinschleicht,
– dem Tage feind,
Mit jedem Schritte heimlich
An Rosen-Hängematten
Hinsichelnd, bis sie sinken,
Nachtabwärts blaß hinabsinken:
So sank ich selber einstmals,
Aus meinem Wahrheits-Wahnsinne,
Aus meinen Tages-Sehnsüchten,
Des Tages müde, krank vom Lichte,
– sank abwärts, abendwärts, schattenwärts,

> Von Einer Wahrheit
> Verbrannt und durstig:
> – gedenkst du noch, gedenkst du, heißes Herz,
> Wie du da durstetest? –
> Daß ich verbannt sei
> Von aller Wahrheit!
> Nur Narr! Nur Dichter!...

Der hier redet, ist ein Verlorener, der umsonst nach philosophisch stichhaltiger Wahrheit und nach der romantischen Tröstung durch den hereinsinkenden Abend Ausschau hält. Er bleibt innerlich «versengt und müde», während ihn die eindunkelnde Natur boshaft und schadenfroh zum Narren hält: eine Projektion des eigenen Spotts über sich selbst in die Natur. Er selbst ist zum Raubtier entmenscht, belügt als Philosoph «wissentlich und willentlich» sich und andere, hat also den weltanschaulichen Boden verloren. Statt des Gesichts trägt er eine Larve, und er ist ein mörderischer Jäger. Seine Sprache redet «nur Buntes», d.h. sie flunkert mit einer abwechslungsreichen Bilderrede, steigt auf «lügnerischen Wortbrücken» von einem Gedanken zum andern, den Zufällen der intellektuellen Eingebung ausgeliefert, und bewegt sich «zwischen falschen Himmeln»; denn Transzendenz gibt es bei Nietzsche so wenig mehr wie ewig gültige Wahrheiten, aeternae veritates. Das sprechende Ich versteht sich als «herumschleichenden», bösen Fallensteller für die, welche noch an Daseinssicherungen glauben. Er ist kein Türsteher vor Gotteshäusern, sondern ein erbarmungsloser Feind christlicher Einstellung, sündiges Wildtier in Urwäldern, in denen es kein Abendland mit seiner Kultur gibt, in jeden Zufall hineinrennend, also ziellos lebend. Das ist die verlogene, aber gewollte Kehrseite der Menschenbestie, die in Cesare Borgia gepriesen wird.

Die vierte Strophe stellt den Adler, der die Abgründe des Gebirgs und diejenigen der eigenen Seele liebt, der frommen christlichen Lammsseele gegenüber, die er zerfetzt. Aber fühle sich der Dichter als Adler oder Panther, er kann das raubtierhafte Dasein nicht sieghaft ausleben, sondern versteckt es hinter den «tausend Larven» des Narren. Am Schluß der imaginären Rede, die ein Selbstgespräch Nietzsches darstellt, erhebt sich der Spott der abendlichen «Sonnen-Glutblicke» zu seiner ganzen Schärfe: der lachende Dichter, der sowohl das Göttliche wie das Schafmäßige im Menschen niederreißt und nichts Menschliches mehr anerkennt, findet dabei nur «eines Narren Seligkeit». Das ist Nietzsches Selbstzerfleischung, und man begreift schwer, daß seine Philosophie in unserem Jahrhundert für viele Avantgardisten zum Programm geworden ist. Sie haben aus den Texten dieses grausamen und erbarmungslosen Denkers, der über die Ränder des wohnlichen Daseins hinausgeraten war und beim Ausbruch seines Wahnsinns einen ausgemergelten Klepper voll Mitleid umarmte, das herausgeklaubt, mit dem sich ein Weltbild zimmern ließ. Nietzsche hatte keines. Wohl war er der «Wahrheit Freier», aber nach dem vorliegenden Gedicht heißt dasselbe Bestreben «Wahrheits-Wahnsinn». Gesucht wird nur noch, nachdem der Tag müde und das Licht krank gemacht haben, der Abend; es wird das Vergessen erstrebt. Der da spricht, ist «verbannt von aller Wahrheit». So sieht ein Abendgedicht aus, das gar nicht so manche Jahre nach Eichendorffs und Mörikes Tod entstanden ist. Schrillere Dissonanzen sind kaum denkbar; derartige Mißklänge werden eine Vorliebe kommender Dichtergeschlechter sein. Dasselbe gilt für die Ausklammerung des Gefühls, die in der Romantik noch kaum vorstellbar gewesen wäre, wenn man von den «Nachtwachen des Bonaventura» absieht. Die Sympathien des Lesers können nicht mitschwingen; er sieht sich aus der Teilnahme an der Aussage weggewiesen. «Die Wüste wächst: weh dem, der Wüsten birgt», ist die Aussage eines einzeiligen Gedichts in den «Dionysos-Dithyramben»; sie wird später in einen größeren Verszusammenhang eingebaut. Diesem folgt ein weiteres, das peinlichste von allen Gedichten Nietzsches. Das Ich ist ein wüstenbewohnendes Geschöpf, das nach der Oase der Frauenliebe dürstet und wie eine Dattel von lockeren Mädchen angebissen werden möchte. Hier einige Ausschnitte:

> Da sitze ich nun,
> In dieser kleinsten Oasis,
> Einer Dattel gleich,
> Braun, durchsüßt, goldschwürig,
> Lüstern nach einem runden Mädchen-Maule,
> Mehr aber noch nach mädchenhaften
> Eiskalten schneeweißen schneidigen
> Beißzähnen: nach denen nämlich
> Lechzt das Herz allen heißen Datteln. Sela.

Die letzte Strophe jedoch entsagt diesen abnormen Sexualwünschen:

> Ha!
> Herauf, Würde!
> Blase, blase wieder,
> Blasebalg der Tugend!
> Ha!
> Noch Ein Mal brüllen,
> Moralisch brüllen,
> Als moralischer Löwe vor den Töchtern der Wüste brüllen!
> – Denn Tugend-Geheul,
> Ihr allerliebsten Mädchen,
> Ist mehr als alles
> Europäer-Inbrunst, Europäer-Heißhunger!
> Und da stehe ich schon,
> Als Europäer,
> Ich kann nicht anders, Gott helfe mir!
> Amen!

Auf das hebräisch-heidnische «Sela», Abschlußwort von Psalmen, folgt hier ein resignierendes christliches Amen. In den nicht wiedergegebenen Zeilen des Gedichts ist die Rede von einer Palme, die in ihrem «Fächer- und Flatter- und Flitterröckchen» den Mädchen gleicht. Aufgrund absurder Phantasie wird ausgesagt, sie stehe bloß auf einem Bein, das andere sei ihr abhandengekommen und werde möglicherweise gerade von den Tieren der Wüste aufgefressen. Was der modernabsonderliche Einfall soll, ist nur zu erraten: Vergleich der Mädchen mit einem schlanken Wüstenbaum, der sich tänzerisch wiegt und mit seinem durchsichtigen Gezweig mehr lockt als das Lockende verhüllt.

Nachdem die Liebe in die Wüste verlegt worden ist und nur noch lüsternen, leichtgeschürzten Mädchen einer Halbunterwelt galt, folgt im nächsten Gedicht die Abdankung des Menschseins:

> Die Wüste wächst: weh dem, der Wüsten birgt!
> Stein knirscht an Stein, die Wüste schlingt und würgt.
> Der ungeheure Tod blickt glühend braun
> Und kaut –, sein Leben ist sein Kaun...
> Vergiß nicht, Mensch, den Wollust ausgeloht:
> Du – bist der Stein, die Wüste, bist der Tod...

Die kühne und ungewohnte Bildlichkeit besagt, daß der Mensch sich selbst gänzlich entfremdet ist. Dem entspricht es, daß wenig später Zarathustra in dem Gedicht «Zwischen Raubvögeln» von der innern Zerstörung spricht, die sich an ihm vollzogen hat und noch vollzieht:

> Jetzt –
> Einsam mit dir,
> Zwiesam im eignen Wissen,
> Zwischen hundert Spiegeln
> Vor dir selber falsch,
> Zwischen hundert Erinnerungen
> Ungewiß,
> An jeder Wunde müd,
> An jedem Froste kalt,
> In eignen Stricken gewürgt,
> Selbstkenner!
> Selbsthenker!
> Was bandest du dich
> Mit dem Strick deiner Weisheit?
> Was locktest du dich
> Ins Paradies der alten Schlange?
> Was schlichst du dich ein
> In dich – in dich?...
>
> Ein Kranker nun,
> Der an Schlangengift krank ist;
> Ein Gefangner nun,
> Der das härteste Los zog:
> Im eignen Schachte
> Gebückt arbeitend,

In dich selber eingehöhlt,
Dich selber angrabend,
Unbehilflich,
Steif,
Ein Leichnam –,
Von hundert Lasten übertürmt,
Von dir überlastet,
Ein Wissender!
Ein Selbsterkenner!
Der weise Zarathustra!...

Du suchtest die schwerste Last:
Da fandest du dich –,
Du wirfst dich nicht ab von dir...

Lauernd,
Kauernd,
Einer, der schon nicht mehr aufrecht steht!
Du verwächst mir noch mit deinem Grabe,
Verwachsener Geist!

Nietzsche hat gesagt, er sei für das Abendland ein Verhängnis. Er war es vor allem auch für sich selbst. In den «hundert Spiegeln» der Reflexion über sich selber kam ihm sein Ich abhanden. Er zerstörte, erwürgte, verkrüppelte sich selbst und wiederholte den Sündenfall der Erkenntnis in einer derart radikalen Weise, daß er darob sich lebend das eigene Grab schaufelte, «von dir überlastet». Nur eine sich stets aufs neue überbietende Bildlichkeit ist noch imstande, eine derartige Selbstzerfleischung festzuhalten.

Einer der letzten Dionysos-Dithyramben ist die «Klage der Ariadne». Der Gott, den der ganze Zyklus meint, Dionysos, wird zunächst von der ihn liebenden Ariadne als der Grausame schlechthin erfahren: «Unnennbarer! Verhüllter! Entsetzlicher!»

So liege ich,
Biege mich, winde mich, gequält
Von allen ewigen Martern,
Getroffen
Vor dir, grausamster Jäger,
Du unbekannter – Gott!...

> Triff tiefer!
> Triff ein Mal noch!
> Zerstich, zerbrich dies Herz!
> Was soll dies Martern
> Mit zähnestumpfen Pfeilen?
> Was blickst du wieder
> Der Menschen-Qual nicht müde,
> Mit schadenfrohen Götter-Blitz-Augen?
> Nicht töten willst du,
> Nur martern, martern?
> Wozu – mich martern,
> Du schadenfroher unbekannter Gott?

Doch von dieser Gottheit kann Ariadne nicht lassen. Sie ruft sie an, um sich weiter quälen zu lassen. Da erscheint ihr Dionysos bei Blitzesschein in «smaragdener», d.h. fremdartiger Schönheit, und erklärt der nach ihm sich verzehrenden Frau: «Ich bin dein Labyrinth». Damit wird die Unverstehbarkeit des Seins in den Seinsgrund selbst verlegt. Hier sagt Nietzsche nicht mehr: «Gott ist tot», sondern er beschwört im Dichterwort eine ungreifbare Gottheit, die sich gewitterhaft offenbart und in geradezu exotischer Schönheit sich selbst als das Rätsel der Transzendenz schlechthin bezeichnet.

Das zwanzigste Jahrhundert

Wohin mündet die bis dahin dargestellte Entwicklung? Das sei an einigen eindeutig modernen Gedichten aufgezeigt, wobei die Auswahl der Beispiele Zufallscharakter trägt: nicht nur Hunderte, sondern Tausende von andern Beispielen könnten zugezogen werden. Das erste Gedicht, das vorgelegt wird, hat wieder Gottfried Benn geschrieben, der, ganz anders entschieden als Conrad Ferdinand Meyer, erklärt hat, die Welt sei sinnlos, der einzige Sinn des Daseins sei die Kunst. Er beginnt früh mit Gedichten, die sich mit Leichen befassen, zum Teil solchen, in die sich bereits Ratten eingenistet haben. Seziervorgänge, die er als Mediziner genau kannte, werden mit aller Präzision beschrieben, nicht unbedingt zur Erbauung des Lesers, der mit herausgeschnittenen Gehirnen und Lungen wenig anfangen kann. Goethes Schönheitsidol Helena und Eichendorffs Mondnächte liegen weit, weit zurück; eine harte Wirklichkeit von kruder Brutalität hat sich an ihre Stelle gesetzt.

> *Kleine Aster*
> Ein ersoffener Bierfahrer wurde auf den Tisch gestemmt.
> Irgendeiner hatte ihm eine dunkelhellila Aster
> Zwischen die Zähne geklemmt.
> Als ich von der Brust aus
> Unter der Haut
> Mit einem langen Messer
> Zunge und Gaumen herausschnitt,
> Muß ich sie angestoßen haben, denn sie glitt
> In das nebenliegende Gehirn.
> Ich packte sie ihm in die Brusthöhle
> Zwischen die Holzwolle,
> Als man zunähte.
> Trinke dich satt in deiner Vase!
> Ruhe sanft,
> Kleine Aster!

Ein ersoffener Bierfuhrmann war bis dahin als Gegenstand eines lyrischen Gedichts in deutscher Sprache schwer denkbar, vollends undenkbar als Aufgebahrter in einem Seziersaal. Offenbar ist er von beträchtlichem Körperumfang, denn er muß mühsam hochgestemmt werden. Schonungslos beschreibt Benn den Seziervorgang bis in die ekelerregendsten Einzelheiten. Die rührende «dunkelhellila» Aster gleitet während der Arbeit in das herausgeschnittene Gehirn und wird mit diesem zusammen zwischen die prosaische Holzwolle verpackt, mit der man den ausgeräumten Leichnam füllt. Der Schluß des eindrücklichen Gedichts lebt von einem schrillen Gegensatz: Der zur Verwesung bestimmte Biermensch soll die Vase sein, in seiner stinkenden Körperflüssigkeit soll sich die zarte Blume volltrinken. Mit Rührung und doch mit Ironie wird zuletzt von dem ins Grauenhafte verirrten Schönen Abschied genommen: «Ruhe sanft, kleine Aster!» Mit welcher Unglaubwürdigkeit wird hier noch gesagt: «Ruhe sanft».

Nach diesem endgültigen Durchbruch zum modernen Gedicht, der überraschend bald nach der letzten Auflage von Meyers Gedichten stattfindet und noch radikaler ist als Nietzsches Dionysos-Dithyramben, lesen wir bei Benn dann auch Gedichte, deren Inhalt zwar nicht zuversichtlicher ist, die aber den für ihn so bezeichnenden Sprachrausch entfalten.

Quartär

I   Die Welten trinken und tränken
    Sich Rausch zu neuem Raum
    Und die letzten Quartäre versenken
    Den ptolemäischen Traum.
    Verfall, Verflammen, Verfehlen –
    In toxischen Sphären, kalt,
    Noch einige stygische Seelen,
    Einsame, hoch und alt.

II   Komm – laß sie sinken und steigen,
    Die Zyklen brechen hervor:
    Uralte Sphinxe, Geigen
    Und von Babylon ein Tor,
    Ein Jazz vom Rio del Grande,
    Ein Swing und ein Gebet –
    An sinkenden Feuern, vom Rande,
    Wo alles zu Asche verweht.

Ich schnitt die Gurgel den Schafen
Und füllte die Grube mit Blut,
Die Schatten kamen und trafen
Sich hier – ich horchte gut –,
Ein jeglicher trank, erzählte
Von Schwert und Fall und frug,
Auch stier- und schwanenvermählte
Frauen weinten im Zug.

Quartäre Zyklen – Szenen,
Doch keine macht dir bewußt,
Ist nun das Letzte die Tränen
Oder ist das Letzte die Lust
Oder beides ein Regenbogen,
Der einige Farben bricht,
Gespiegelt oder gelogen –
Du weißt, du weißt es nicht.

III Riesige Hirne biegen
Sich über ihr Dann und Wann
Und sehen die Fäden fliegen,
Die die alte Spinne spann,
Mit Rüsseln in jede Ferne
Und an alles, was verfällt,
Züchten sich ihre Kerne
Die sich erkennende Welt.

Einer der Träume Gottes
Blickt sich selber an,
Blicke des Spiels, des Spottes
Vom alten Spinnenmann,
Dann pflückt er sich Asphodelen
Und wandert den Styxen zu –
Laß sich die Letzten quälen,
Laß sie Geschichte erzählen –
Allerseelen –
Fini du tout.

Das heutige geologische Zeitalter, das Quartär, versinkt, seine verschiedenen Epochen, die «Zyklen», sind vorbei, der ptolemäische Traum, die Welt und in ihr der Mensch seien Mittelpunkt des Alls, geht zu Ende. Toxisch, das heißt giftig sind die Sphären geworden, in denen sich das Leben bisher aufgehalten hat, und wer noch da ist, sieht aus, als ob er zum Totenfluß Styx gehörte. Im zweiten Gedicht beschwört Benn die großen alten Zeiten der Kultur noch einmal ins Bewußtsein und mischt Jazz und Swing darein. Wie einst Odysseus im zwölften Gesang der «Odyssee» vereinigt er das Vergangene, Tote um eine mit Schafblut gefüllte Grube. Alles ist an sinkenden Feuern, am Rande versammelt und wird zu Asche verwehen. Diese Szenen aus einer vieltausendjährigen Kultur können Trauer erwecken, weil alles zu Ende geht, oder Freude, weil die Qual ausläuft, oder beides zusammen. Das Erbe des Abendlandes ist undeutbar geworden, das Unzusammengehörigste: Jazz, Gebet, – sie sind einander erst später nahegerückt – Tor Babylons, steht nebeneinander. Dies alles kann ein Wert sein, es kann auch gespiegelt und gelogen sein – jedenfalls hat es zu einem endgültigen Untergang geführt. Das dritte Gedicht gibt den Grund für diesen Untergang an: Die Zellkerne riesiger, überzüchteter Gehirne beugen sich über das kunstvolle Spinnengewebe der Welt und setzen alles Betrachtete in tödlich kalte rationale Erkenntnis um. Das Abendland, einer der Träume Gottes, wird in dem Spiel und Spott des Intellekts durchschaut und verlacht, Gott, der Spinnenmann, abgedankt. Dann pflückt sich dieser Traum, der die Jetztzeit ist und sich selber austräumt, die Totenblume der Asphodelen und versinkt in der Welt der Styxe, wo die Toten hausen. Wer noch im Leben steht, quält sich ab und erzählt unter anderm, wie Benn in diesem Gedicht, von der Weltgeschichte. Diese großartige Historie heißt nur «Allerseelen», weil alles gewesene Große tot ist; sie heißt, weil der Sinn aus ihr gewichen ist, «Fini du tout», Weltende.

Nicht nur die Welt geht sich selbst verloren, auch das Ich:

Verlorenes Ich
Verlorenes Ich, zersprengt von Stratosphären,
Opfer des Ion –: Gamma-Strahlen-Lamm –
Teilchen und Feld –: Unendlichkeitschimären
Auf deinem grauen Stein von Notre-Dame.

Die Tage gehn dir ohne Nacht und Morgen,
Die Jahre halten ohne Schnee und Frucht
Bedrohend das Unendliche verborgen –
Die Welt als Flucht.

Wo endest du, wo lagerst du, wo breiten
Sich deine Sphären an – Verlust, Gewinn –:
Ein Spiel von Bestien: Ewigkeiten,
An ihren Gittern fliehst du hin.

Der Bestienblick: die Sterne als Kaldaunen,
Der Dschungeltod als Seins- und Schöpfungsgrund,
Mensch, Völkerschlachten, Katalaunen
Hinab den Bestienschlund.

Die Welt zerdacht. Und Raum und Zeiten
Und was die Menschheit wob und wog,
Funktion nur von Unendlichkeiten –
Die Mythe log.

Woher, wohin – nicht Nacht, nicht Morgen,
Kein Evoë, kein Requiem,
Du möchtest dir ein Stichwort borgen –
Allein bei wem?

Ach, als sich alle einer Mitte neigten
Und auch die Denker nur den Gott gedacht,
Sie sich den Hirten und dem Lamm verzweigten,
Wenn aus dem Kelch das Blut sie rein gemacht,

Und alle rannen aus der einen Wunde,
Brachen das Brot, das jeglicher genoß –
Oh ferne zwingende erfüllte Stunde,
Die einst auch das verlorne Ich umschloß.

Die erste Strophe schildert das heutige Ich als Opfer der Wissenschaft, die sich mit so unmenschlichen Dingen wie Stratosphären, Ionen, Gamma-Strahlen und andern «Unendlichkeitschimären» befaßt und damit das Heimat bietende Christentum, durch die Notre-Dame angedeutet, vertreibt. Die zweite Strophe spricht vom Verlust des Zeitempfindens, des Jahreszeitenwechsels, also des bislang Vertrauten, schließlich nochmals vom Verlust des Unendlichen: die Welt ist nur noch eine Flucht, in der nichts hält. In den beiden anschließenden Strophen wird das Menschendasein als Bestialität schlechthin erklärt, zum Teil in Formulierungen, die sich der logischen Erklärung verschließen. Was sind die Gitter der Ewigkeiten? Was bedeuten die Sterne als Kaldaunen? Was ist Dschungeltod als Seins- und Schöpfungsgrund? Man braucht diese Bilder nicht aufzulösen, denn es genügt, in ihnen die Andeutung an eine leer gewordene Schöpfung zu erkennen. Es folgt der Hinweis darauf, daß der wissenschaftliche Intellekt das Leben geheimnislos gemacht und das Gefühl aus ihm vertrieben hat: «Die Welt zerdacht». Die alten Mythen, mit denen frühere Geschlechter sich das Leben erträglich machen konnten, sind als Lüge entlarvt worden. Weder Dionysos mit seinem Evoë-Ruf noch das christliche Requiem können in der entgötterten Gegenwart helfen, und auch sonst fehlen «Stichworte», mit denen sich leben läßt. Eine sinngebende religiöse Mitte fehlt, wie sie einst dank dem Glauben an Christi erlösenden Opfertod und an das Abendmahl, das mit Gott verband, zur Verfügung war; das «verlorene Ich» ist von keinem bergenden weltanschaulichen Gehäuse mehr umschlossen. Nihilismus ist, obwohl nicht genannt, der Inhalt des Gedichts. Das ratlose Ich kann sich nicht einmal mehr an einer bestimmbaren Zeit und einem bestimmbaren Raum orientieren. Dabei weiß dieser Dichter noch um das, was einst dem Leben Schönheit und Inhalt gegeben hatte, und gerade darum trauert er um den Totalverlust:

Astern
Astern – schwälende Tage,
Alte Beschwörung, Bann,
Die Götter halten die Waage
Eine zögernde Stunde an.

Noch einmal die goldenen Herden
Der Himmel, das Licht, der Flor,
Was brütet das alte Werden
Unter den sterbenden Flügeln vor?

Noch einmal das Ersehnte,
Der Rausch, der Rosen Du –
Der Sommer stand und lehnte
Und sah den Schwalben zu,

Noch einmal ein Vermuten,
Wo längst Gewißheit wacht:
Die Schwalben streifen die Fluten
Und trinken Fahrt und Nacht.

Tage von schwelender Wärme, lichtbeglänzte Wolken, Blumenflor mit Astern und Rosen täuschen nochmals den verlorenen Sommer vor, der Mensch glaubt an eine Wiederkehr von Glück und Fülle, obwohl er die Gewißheit der sterbenden Schöpfung hat: die Schwalben entschwinden in die einbrechende Nacht. Doch sogar der Sommer bietet Benn nichts mehr: «Einsamer nie als im August» beginnt eines seiner Gedichte. Es beschwört die Schönheit des Sommers, aber sie nützt nichts, denn der Mensch dient dem «Gegenglück, dem Geist». Benns Lyrik ist aus dem Intellekt geboren, weiß aber, daß genau dieser Intellekt das Dasein um seine lebenswerten Inhalte gebracht hat. Er ist bei weitem nicht der einzige Dichter unseres Jahrhunderts, bei welchem solches zu lesen steht. «Wüstennot» ist ein Wort, mit dem er seine Hoffnungslosigkeit bezeichnet. «Selbst auf den Fifth Avenuen fällt sie (die Menschen) die Leere an.» Eine andere Formel für dieselbe Erfahrung lautet: «Und wieder Dunkel, ungeheuer im leeren Raum um Welt und Ich.» Daß sich zu der hochgeschraubten Intellektualität eine hinreißende Wortmagie und die Räusche der Phantasie gesellen – ein Beispiel ist das obige Herbstgedicht – ist eine bei modernen Autoren häufige Kombination. Sie ist am bekanntesten bei Paul Valéry.
Bertolt Brecht, neben Georg Trakl der größte deutsche Lyriker seit Eduard Mörike, klagt in seinem Gedicht «An die Nachgeborenen» unter anderm:

> Wirklich, ich lebe in finsteren Zeiten!
> Das arglose Wort ist töricht. Eine glatte Stirn
> Deutet auf Unempfindlichkeit hin. Der Lachende
> Hat die furchtbare Nachricht
> Nur noch nicht empfangen.
>
> Was sind das für Zeiten, wo
> Ein Gespräch über Bäume fast ein Verbrechen ist,
> Weil es ein Schweigen über so viele Untaten einschließt!
> Der dort ruhig über die Straße geht
> Ist wohl nicht mehr erreichbar für seine Freunde
> Die in Not sind?

Etwas später vernehmen wir die Aussage:

> Zufällig bin ich verschont. (Wenn mein Glück aussetzt
> Bin ich verloren.)

Das zweite Gedicht dieser lyrischen Trilogie umschreibt das Existenzgefühl Brechts:

> In die Städte kam ich zur Zeit der Unordnung
> Als da Hunger herrschte.
> Unter die Menschen kam ich zur Zeit des Aufruhrs
> Und ich empörte mich mit ihnen.
> So verging meine Zeit
> Die auf Erden mir gegeben war.
>
> Mein Essen aß ich zwischen den Schlachten.
> Schlafen legte ich mich unter die Mörder.
> Der Liebe pflegte ich achtlos
> Und die Natur sah ich ohne Geduld.
> So verging meine Zeit
> Die auf Erden mir gegeben war.
>
> Die Straßen führten in den Sumpf zu meiner Zeit.
> Die Sprache verriet mich dem Schlächter.
> Ich vermochte nur wenig. Aber die Herrschenden
> Saßen ohne mich sicherer, das hoffte ich.
> So verging meine Zeit
> Die auf Erden mir gegeben war.
>
> Die Kräfte waren gering. Das Ziel
> Lag in großer Ferne.
> Es war deutlich sichtbar, wenn auch für mich
> Kaum zu erreichen.
> So verging meine Zeit
> Die auf Erden mir gegeben war.

Die frühesten Gedichte Brechts sind diejenigen eines Mannes, der sich in ein verlorenes Geschlecht hineingeboren glaubt. Bevor er sich an die Lehre des Kommunismus festklammerte, um überhaupt einen Halt zu gewinnen, war er Nihilist. Er schreibt die Zeilen:

Der Nachgeborene
Ich gestehe es: ich
Habe keine Hoffnung.
Die Blinden reden von einem Ausweg. Ich
Sehe.

Wenn die Irrtümer verbraucht sind
Sitzt als letzter Gesellschafter
Uns das Nichts gegenüber.

Seine Heimat, die «Asphaltstädte», so lesen wir im Gedicht «Vom armen B. B.», ist die ungemütlichste, die sich denken läßt, seine Lebensweise die eines Dandy, dem Freunde, Frauen, ja überhaupt das Leben gleichgültig sind. Die «Sterbsakramente» empfängt er da täglich. Es sind «Zeitungen. Und Tabak. Und Branntwein». Hat er die Nacht mit Freunden in der Kneipe durchwacht, so sind ihm Tannen und Vögel am frühen Morgen etwas Ekelerregendes:

Gegen Morgen in der grauen Frühe pissen die Tannen
Und ihr Ungeziefer, die Vögel, fängt an zu schrein.
Um die Stunde trinke ich mein Glas in der Stadt aus und schmeiße
Den Tabakstummel weg und schlafe beunruhigt ein.

Von den stolzen Großstädten der technisierten Welt meint er:

Von diesen Städten wird bleiben: der durch sie hindurchging,
    der Wind!

Welche Traurigkeit in dem ganzen Gedicht wohnt, belegt vor allem die letzte Strophe:

Bei den Erdbeben, die kommen werden, werde ich hoffentlich
Meine Virginia nicht ausgehen lassen durch Bitterkeit
Ich, Bertolt Brecht, in die Asphaltstädte verschlagen
Aus den schwarzen Wäldern, in meiner Mutter, in früher Zeit.

Vom Leben ist wenig zu erwarten. Die meisten kommen arm auf einer kalten Erde zur Welt, nur wenige werden bejubelt und mit einem vornehmen Gefährt nach Hause gebracht:

Von der Freundlichkeit der Welt
Auf die Erde voller kaltem Wind
Kamt ihr alle als ein nacktes Kind.
Frierend lagt ihr ohne alle Hab
Als ein Weib euch eine Windel gab.

Keiner schrie euch, ihr wart nicht begehrt
Und man holte euch nicht im Gefährt.
Hier auf Erden wart ihr unbekannt
Als ein Mann euch einst nahm an der Hand.

Von der Erde voller kaltem Wind
Geht ihr all bedeckt mit Schorf und Grind.
Fast ein jeder hat die Welt geliebt
Wenn man ihm zwei Hände Erde gibt.

Besonders schlecht kommt in Brechts Lyrik, namentlich derjenigen nach 1933, Deutschland weg:

O Deutschland, bleiche Mutter!
Wie sitzest du besudelt
Unter den Völkern.
Unter den Befleckten
Fällst du auf.

Von deinen Söhnen der ärmste
Liegt erschlagen.
Als sein Hunger groß war
Haben deine anderen Söhne
Die Hand gegen ihn erhoben.
Das ist ruchbar geworden.

Brecht kann aber auch von der Menschheit, ja der Erde allgemein Böses sagen. Die Menschen sind für ihn «der Aussatz des einzigen Sternes in der Nacht, vor er untergeht!» Ordnende Zusammenhänge kennt er nicht: «Der warme Wind bemüht sich noch um Zusammenhänge, der Katholik.» Sein Kranichlied, von Karl Kraus als ein fabelhaft schönes Gedicht bezeichnet («Sieh jene Kraniche in großem Bogen!»), schließt mit den desillusionierenden Zeilen:

Ihr fragt, wie lange sind sie schon beisammen?
Seit kurzem. – Und wann werden sie sich trennen? – Bald.
So scheint die Liebe Liebenden ein Halt.

In den späteren Jahren seines Lebens hat Brecht einen Gedichttyp geprägt, der seit ihm mächtig Schule gemacht hat, die gänzlich ernüchterte, auf ein Minimum von Worten verknappte Aussage, in der ein Augenblicksbild festgehalten wird, das in keinem Zusammenhang steht; das Gedicht isoliert sich und weiß nur noch von sich. Ein Beispiel:

Rudern, Gespräche
Es ist Abend. Vorbei gleiten
Zwei Faltboote, darinnen
Zwei nackte junge Männer. Nebeneinander rudernd
Sprechen sie. Sprechend
Rudern sie nebeneinander.

Man denkt an Conrad Ferdinand Meyers «Eingelegte Ruder» zurück.
Doch schon vor Brecht ist der Expressionist August Stramm noch weiter gegangen und hat die Sprache zu einem gefühlstoten Wortgerüst verkümmern lassen:

Patrouille
Die Steine feinden
Fenster grinst Verrat
Äste würgen
Berge Sträucher blättern raschlig
Gellen
Tod.

Im Unterschied zum empfindungsstarken Brecht verabschiedet Stramm das Gefühl und bringt das Herz um. Entsprechend verläßt er mit seiner Sprache alles uns Vertraute, bringt Wörter zusammen, die sich sonst meiden («Fenster grinst Verrat»), ja er kann Verse schreiben, die nur aus einem nichtssagenden Wort bestehen, so in

Sturmangriff
Aus allen Winkeln gellen Fürchte Wollen
Kreisch
Peitscht
Das Leben
Vor

> Sich
> Her
> den keuchen Tod
> Die Himmel fetzen
> Blinde schlächtert wildum das Entsetzen.

Aus einem ähnlichen Lebensgefühl kann auch ein schwarzer, tollgewordener Humor entstehen, lyrische Spielerei ohne Sinn, die wie auf gleichzeitigen Gemälden das Unvereinbare zusammenbringt. Alfred Lichtenstein legt unter dem Titel «Die Dämmerung» ein solches Kaleidoskop vor:

> Ein dicker Junge spielt mit einem Teich.
> Der Wind hat sich in einem Baum gefangen.
> Der Himmel sieht verbummelt aus und bleich,
> Als wäre ihm die Schminke ausgegangen.
>
> Auf lange Krücken schief herabgebückt
> Und schwatzend kriechen auf dem Feld zwei Lahme.
> Ein blonder Dichter wird vielleicht verrückt.
> Ein Pferdchen stolpert über eine Dame.
>
> An einem Fenster klebt ein fetter Mann.
> Ein Jüngling will ein weiches Weib besuchen.
> Ein grauer Clown zieht sich die Stiefel an.
> Ein Kinderwagen schreit und Hunde fluchen.

Hier hat sich die Phantasie aller Fesseln entschlagen und sucht die dichterische Freiheit von allen Bindungen des Daseins, namentlich von der alles bestimmenden Macht des Schicksals. Sie schafft eine fidele Welt, die es nicht gibt, aber geben sollte.
In derartigen Purzelbäumen des Humors wird der allbekannte Christian Morgenstern möglicherweise von Hans Arp noch übertroffen:

> *Opus null*
> I   Ich bin der große Derdiedas
>   Das rigorose Regiment
>   Der Ozonstengel prima Qua
>   Der anonyme Einprozent.

Das P.P.Tit. und auch die Po
Posaune ohne Mund und Loch
Das große Herkulesgeschirr
Der linke Fuß vom rechten Koch.
Ich bin der lange Lebenslang
Der zwölfte Sinn im Eierstock
Der insgesamte Augustin
Im lichten Zellulosenrock.

II   Er zieht aus seinem schwarzen Sarg
Um Sarg um Sarg um Sarg hervor.
Er weint mit seinem Vorderteil
Und wickelt sich in Trauerflor.
Halb Zauberer, halb Dirigent
Taktiert er ohne Alpenstock
Sein grünes Ziffernblatt am Hut
Und fällt von seinem Kutscherbock.
Dabei stößt er den Ghettofisch
Von der möblierten Staffelei.
Sein langer Würfelstrumpf zerreißt
Zweimal entzwei dreimal entdrei.

Das zweite Gedicht teilt mit, welche Trauer hinter Arps schrulligen, verwunschenen Spässen steht. Dasselbe läßt sich bei dem lyrischen Komiker Erich Kästner gut verfolgen. Seine «Lyrische Hausapotheke» beginnt mit dem Totenzug, in dem wir alle sitzen; von Station zu Station steigen einige Tote aus. Das Leben selbst ist ungemütlich geworden; denn die Menschen sind von den Affen nicht mehr zu unterscheiden. So liebenswürdig Kästner glücklicherweise häufig ist, weiß er doch, wieviel Ernüchterung das Dasein bringt:

Sachliche Romanze
Als sie einander acht Jahre kannten
(Und man darf sagen: sie kannten sich gut),
Kam ihre Liebe plötzlich abhanden.
Wie andern Leuten ein Stock oder Hut.

Sie waren traurig, betrugen sich heiter,
Versuchten Küsse, als ob nichts sei,
Und sahen sich an und wußten nicht weiter.
Da weinte sie schließlich. Und er stand dabei.

> Vom Fenster aus konnte man Schiffen winken.
> Er sagte, es wäre schon Viertel nach vier
> Und Zeit, irgendwo Kaffee zu trinken.
> Nebenan übte ein Mensch Klavier.
>
> Sie gingen ins kleinste Café am Ort
> Und rührten in ihren Tassen.
> Am Abend saßen sie immer noch dort.
> Sie saßen allein und sie sprachen kein Wort
> Und konnten es einfach nicht fassen.

Beziehungslosigkeit heißt das Thema auch in diesem Gedicht.

Die tiefste Trauer, die in deutscher Lyrik wohl je ausgesprochen wurde, ist bei Georg Trakl zu lesen. Er war ein Mensch, der als Apotheker den sonderlichsten Drogen verfallen war und in einer solchen Daseinsangst lebte, daß er bis zu sechs Malen am gleichen Tag das Hemd wechseln mußte, weil er eines um das andere beim Verkauf von Arzneimitteln durchgeschwitzt hatte. Finsterer als er kann man wohl nicht schreiben; aber er war ein solches Genie der Dichtkunst, daß ihm Verse von betörender Schönheit gelangen. Auch die schwarze Verzweiflung kann sich in einer Sprache von hohem Kunstwert äußern. Ich greife drei von den fünf Gedichten des Zyklus «Helian» heraus, zuerst das zweite.

> Gewaltig ist das Schweigen des verwüsteten Gartens,
> Da der junge Novize die Stirne mit braunem Laub bekränzt,
> Sein Odem eisiges Gold trinkt.
>
> Die Hände rühren das Alter bläulicher Wasser
> Oder in kalter Nacht die weißen Wangen der Schwestern.
>
> Leise und harmonisch ist ein Gang an freundlichen Zimmern hin,
> Wo Einsamkeit ist und das Rauschen des Ahorns,
> Wo vielleicht noch die Drossel singt.
>
> Schön ist der Mensch und erscheinend im Dunkel,
> Wenn er staunend Arme und Beine bewegt,
> Und in purpurnen Höhlen stille die Augen rollen.
>
> Zur Vesper verliert sich der Fremdling in schwarzer
>   Novemberzerstörung,
> Unter morschem Geäst, an Mauern voll Aussatz hin,

> Wo vordem der heilige Bruder gegangen,
> Versunken in das sanfte Saitenspiel seines Wahnsinns,
>
> O wie einsam endet der Abendwind.
> Ersterbend neigt sich das Haupt im Dunkel des Ölbaums.

Dieses Gedicht gehört zu den besten, die Trakl gelungen sind. Bilder religiöser Ergriffenheit, die einem gänzlich unbekannten Gott gelten, wechseln mit solchen abgründigen Grauens, deren Gehalt ebenfalls religiös sein dürfte. Darauf weist bereits der Eingang hin, der zwar von einem «verwüsteten Garten» spricht, aber ein «gewaltiges Schweigen» und einen Novizen darin wahrnimmt. In der fünften Strophe ist ein «heiliger Bruder» an «Mauern voll Aussatz» dahingegangen, «versunken in das Saitenspiel seines Wahnsinns», d. h. dem Wunder von Tönen hingegeben, wie sie nur ein Irrer empfängt. «Augen des Schauenden» füllen sich «mit dem Gold seiner Sterne». Es ist auch die Rede von «Gebet», einem «bleichen Engel», von «Pilgerschaften» und «Psalmen». (Diese Zitate stammen zum Teil aus den andern Gedichten des Helianzyklus.)

Das Baugesetz der logisch nicht entzifferbaren Zeilen ist zunächst einmal musikalisch begründet. Lyrik von solcher Klangqualität ist seit Eichendorff und Mörike in deutscher Sprache nicht mehr gehört worden. Aber es ist eine Wortmusik, die an extreme moderne Kompositionen erinnert. Zum zweiten gehorcht das Gedicht dem Gesetz des abrupten Aufeinanderstoßens gegensätzlicher Bildinhalte. Kostbar Schönes und grauenerregend Ekelhaftes stehen unvermittelt nebeneinander. Trakl verstand sein Innenleben, das am Rande des Wahnsinns angesiedelt war, in keiner Weise, so wenig er das Dasein oder Gott verstand. Er setzte das numinose, ebenso schreckliche wie herrliche Rätsel des Seins in eine Dichtung um, die ihrerseits ein unauflösbares Rätsel ist. Die Sprache, sonst für die Mitteilung verstehbarer Inhalte verwendet, dient bei ihm dazu, Unverstehbares nicht etwa jemandem mitzuteilen, sondern ohne Ziel und ohne Adressaten einfach sich aussagen zu lassen. Das «Schweigen des Winters» am Ende des dritten Gedichts weist noch am ehesten auf das hin, was hier mit Worten umstellt wird. Alles, auch das Schönste, mündet bei Trakl in die Leere, ins Grab, in die Stille, in das Nichtmehrsein. Und doch weiß auch er das Schöne zu rühmen:

> Schön ist der Mensch und erscheinend im Dunkel
> Wenn er staunend Arme und Beine bewegt,
> Und in purpurnen Höhlen stille die Augen rollen.

Das erinnert geradezu an das berühmte Chorlied aus der «Antigone» des Sophokles, in dem der Mensch als das Gewaltigste der Schöpfung gepriesen wird.
Welchen Gesetzen Trakls Lyrik des weitern folgt, kann nur erkannt werden, wenn mehrere Gedichte miteinander verglichen werden. Darum folgen noch die Texte I und III des «Helian»:

I   In den einsamen Stunden des Geistes
    Ist es schön, in der Sonne zu gehn
    An den gelben Mauern des Sommers hin.
    Leise klingen die Schritte im Gras; doch immer schläft
    Der Sohn des Pan im grauen Marmor.

    Abends auf der Terrasse betranken wir uns mit braunem Wein.
    Rötlich glüht der Pfirsich im Laub;
    Sanfte Sonate, frohes Lachen.

    Schön ist die Stille der Nacht.
    Auf dunklem Plan
    Begegnen wir uns mit Hirten und weißen Sternen.

    Wenn es Herbst geworden ist,
    Zeigt sich nüchterne Klarheit im Hain.
    Besänftigte wandeln wir an roten Mauern hin
    Und die runden Augen folgen dem Flug der Vögel.
    Am Abend sinkt das weiße Wasser in Graburnen.

    In kahlen Gezweigen feiert der Himmel.
    In reinen Händen trägt der Landmann Brot und Wein
    Und friedlich reifen die Früchte in sonniger Kammer.

    O wie ernst ist das Antlitz der teueren Toten.
    Doch die Seele erfreut gerechtes Anschaun.

III Erschütternd ist der Untergang des Geschlechts.
    In dieser Stunde füllen sich die Augen des Schauenden
    Mit dem Gold seiner Sterne.

Am Abend versinkt ein Glockenspiel, das nicht mehr tönt,
Verfallen die schwarzen Mauern am Platz,
Ruft der tote Soldat zum Gebet.

Ein bleicher Engel
Tritt der Sohn ins leere Haus seiner Väter.

Die Schwestern sind ferne zu weißen Greisen gegangen.
Nachts fand sie der Schläfer unter den Säulen im Hausflur,
Zurückgekehrt von traurigen Pilgerschaften.

O wie starrt von Kot und Würmern ihr Haar,
Da er darein mit silbernen Füßen steht,
Und jene verstorben aus kahlen Zimmern treten.

O ihr Psalmen in feurigen Mitternachtsregen,
Da die Knechte mit Nesseln die sanften Augen schlugen,
Die kindlichen Früchte des Hollunders
Sich staunend neigen über ein leeres Grab.

Leise rollen vergilbte Monde
Über die Fieberlinnen des Jünglings,
Eh dem Schweigen des Winters folgt.

Neben den Farbkompositionen, die Trakl in seinen Gedichten immer wieder als etwas in sich Selbständiges, Uninterpretierbares aufbaut, sind es vor allem Responsionen, mit denen er arbeitet. Auf die «gelben Mauern» antworten rote und schwarze Mauern, sogar Mauern voll Aussatz. Den Schritten, die leise im Gras «klingen», entsprechen die «sanfte Sonate» und das «Glockenspiel, das nicht mehr tönt», die singende Drossel im zweiten Gedicht und das «sanfte Saitenspiel seines Wahnsinns». Viele Gedichte Trakls tragen musikalische Überschriften, weil seine Sprache musikalische Wirkungen sucht: «Siebengesang des Todes», «Kleines Konzert», «Wintergang in a-Moll» usw. Mehrmals heißt es in den Gedichten des «Helian», daß etwas schön ist: «Ist es schön», «Schön ist die Stille der Nacht», «Schön ist der Mensch». Den «weißen Sternen» antworten «weißes Wasser» und «weiße Greise», zu den «runden Augen» gehören die Augen, die in «purpurnen Höhlen stille...rollen» und die «Augen des Schauenden». Zu dem «weißen Wasser» treten des weitern die «weißen Wangen der Schwestern», aber auch «bläuliche

Wasser». Den «jungen Novizen» begleitet ein «heiliger Bruder» durch das Gedicht. Wenn im ersten Gedicht das Wasser in Graburnen sinkt, beugt sich im dritten der Holunder «über ein leeres Grab». «Eisiges Gold» und das «Gold der Sterne» sind aufeinander bezogen, und so ereignen sich durch den ganzen Helianzyklus eine Fülle von Echos.

Zu den weiteren Merkmalen von Trakls Lyrik gehören die schon erwähnten schrillen Dissonanzen. Das Schöne wird in einzelnen Versen mit hymnischer Kraft gefeiert, mit Anklängen an Hölderlin, und unmittelbar daneben finden sich Verfall, Ekel, Aussatz, Todesgrauen. Ein logischer oder sonstiger Zusammenhang der evozierten Vorstellungen bleibt aus, weil für Trakl die Welt in bezugslose Fragmente auseinanderfällt. Was an Menschen benannt wird, ist, auch wenn der bestimmte Artikel steht – «der junge Novize» – umrißlos und geisterhaft und namentlich sehr einsam und traurig. Es sind junge und alte Menschen, strahlende und kranke, wahnsinnige oder sterbende; manchmal gehen auch Tote um. Geschlossene Landschaften entstehen nicht mehr. Ort- und zeitlos sind Trakls Texte, und sie sind wegen der extrem gegensätzlichen Gefühlsinhalte auch nicht auf eine durchgehende Stimmung festgelegt. Jede Überraschung ist möglich.

Der Leser, der die Gedichte des reifen Trakl «verstehen» will, muß anhand der in sich verschlossenen Einzelaussagen, die sich nicht umeinander kümmern, Assoziationen suchen, die ihm das Nachempfinden des Dichterworts ermöglichen. Es sind nur wenige Gefühlslagen, welche dieser Dichter andeutet, und wer sich in ihnen einmal auskennt, findet zu einem Verständnis seiner Texte fast so gut wie bei Gedichten Eichendorffs. Trakls Sprache ist so suggestiv wie diejenige der besten Romantiker, und wer sich den Wortbedeutungen und der Sprachmusik überläßt, wird mühelos in diese verwirrende Welt eingestimmt. Es werden die irrationalen Traumschichten angesprochen, in denen die Bilder ja auch wirr durcheinandergleiten. Wir wissen seit Sigmund Freud, daß in einer solchen enigmatischen Bilderschicht ein weitgehend unbekanntes, nicht gewußtes Innenleben Ausdruck gewinnt. Verwirrend ist allerdings bei Trakl, daß das Erhabene und

Strahlende so unvermittelt neben dem deprimierendsten Grauen und der trostlosen Trauer steht. Er dichtete die Gegensätze seines Innenlebens und war dabei darauf bedacht, nie mehr «ich» zu sagen, sondern seine Texte wie Fremdlinge von sich fernzuhalten. Seine Werke sind von einer hermetischen Subjektivität, geben sich aber wie die Selbstaussage objektiver Gehalte.

Das moderne Gedicht ist nichts Einheitliches. Während Trakl mit schwachen Rhythmen und betörenden Wortklängen seine Trauer ausspricht, reißt sein expressionistischer Zeitgenosse Ernst Stadler den Leser in pathetische Ekstasen hinein:

Fahrt über die Kölner Rheinbrücke bei Nacht
Der Schnellzug tastet sich und stößt die Dunkelheit entlang.
Kein Stern will vor. Die ganze Welt ist nur ein enger,
    nachtumschienter Minengang,
Darein zuweilen Förderstellen blauen Lichtes jähe
    Horizonte reißen: Feuerkreis
Von Kugellampen, Dächern, Schloten, dampfend, strömend...
    nur sekundenweis...
Und wieder alles schwarz. Als führen wir ins Eingeweid der
    Nacht zur Schicht.
Nun taumeln Lichter her...verirrt, trostlos vereinsamt...
    mehr...und sammeln sich...und werden dicht.
Gerippe grauer Häuserfronten liegen bloß, im Zwielicht
    bleichend, tot – etwas muß kommen...oh, ich fühl es schwer
Im Hirn. Eine Beklemmung singt im Blut. Dann dröhnt der
    Boden plötzlich wie ein Meer:
Wir fliegen, aufgehoben, königlich durch nachtentrißne Luft, hoch
    übern Strom. O Biegung der Millionen Lichter,
    stumme Wacht,
Vor deren blitzender Parade schwer die Wasser abwärts rollen.
    Endloses Spalier, zum Gruß gestellt bei Nacht!
Wie Fackeln stürmend! Freudiges! Salut von Schiffen über
    blauer See! Bestirntes Fest!
Wimmelnd, mit hellen Augen hingedrängt! Bis wo die Stadt mit
    letzten Häusern ihren Gast entläßt.
Und dann die langen Einsamkeiten. Nackte Ufer. Stille. Nacht.
    Besinnung. Einkehr. Kommunion. Und Glut und Drang
Zum Letzten, Segnenden. Zum Zeugungsfest. Zur Wollust.
    Zum Gebet. Zum Meer. Zum Untergang.

Ein gewöhnlicher Eisenbahnzug aus Großvaters Zeiten gerät bei der Fahrt über eine Rheinbrücke aus Rand und Band, stürzt sich in Lichtmeere und Nacht und verliert sich im Ungreifbaren, Unendlichen. Auch dieses Gedicht stößt sich von der gewohnten, alltäglichen Wirklichkeit ab und gerät ins Imaginäre, in ein Traumreich der Phantasie, ja in eine mystische «Kommunion» mit den dunklen Weiten des Seins. Untergang in einem Meer des Unsagbaren ist der Ausgang des Gedichts.

Ernst Stadler war wie manch anderer Lyriker seiner Generation ein vitaler Mensch, der tolle Herrlichkeiten des Lebens beschreiben konnte, auch wenn er sich dabei sehr anstrengen mußte. Die hochgespannten Hoffnungen vieler Expressionisten erwiesen sich im Laufe der Zeit als Illusion, und die Lyrik wurde, je länger die Weltkatastrophe, die 1914 ausbrach und heute noch besteht, andauerte, umso grauer und gelähmter. Schwermut und der Eindruck der Ausweglosigkeit beherrschen seit langem die Literatur aller Länder. Aber es sind nicht die Kriege unseres Jahrhunderts allein, welche die schwarze Literatur hervorbrachten. Sie entstand gerade in ihren bedeutendsten Vertretern schon vor 1914. Schon ihnen war die Welt unvertraut, der Mensch ein Unmensch, das Welträtsel unauflösbar, der Sinn des Daseins unbekannt, die Dichtung ein waghalsiges Abenteuer mit bis dahin kaum gewagten Ausdrucksmitteln, kurz, alles Vertraute wurde preisgegeben, und die Literatur begab sich in eine Fremde, die sie darstellte, aber nicht begriff.

Dennoch haben die entsetzlichen Geschehnisse seit 1914 den Dichtern zusätzliche Argumente für ihre Weltuntergangsvisionen geliefert. Als Beispiel sei ein berühmtes Gedicht Paul Celans vorgelegt, in dem ein jüdisches und ein germanisches Mädchen einander gegenübergestellt sind.

Todesfuge
Schwarze Milch der Frühe wir trinken sie abends
    wir trinken sie mittags und morgens wir trinken sie nachts
wir trinken und trinken
wir schaufeln ein Grab in den Lüften da liegt man nicht eng
Ein Mann wohnt im Haus der spielt mit den Schlangen

        der schreibt
der schreibt wenn es dunkelt nach Deutschland dein goldenes
      Haar Margarete
er schreibt es und tritt vor das Haus und es blitzen die Sterne
      er pfeift seine Rüden herbei
er pfeift seine Juden hervor läßt schaufeln ein Grab in der Erde
er befiehlt uns spielt auf nun zum Tanz

Schwarze Milch der Frühe wir trinken dich nachts
wir trinken dich morgens und mittags wir trinken dich abends
wir trinken und trinken
Ein Mann wohnt im Haus der spielt mit den Schlangen
      der schreibt
der schreibt wenn es dunkelt nach Deutschland dein goldenes
      Haar Margarete
Dein aschenes Haar Sulamith wir schaufeln ein Grab in den
      Lüften da liegt man nicht eng

Er ruft stecht tiefer ins Erdreich ihr einen ihr andern singet
      und spielt
Er greift nach dem Eisen im Gurt er schwingts seine Augen
      sind blau
stecht tiefer die Spaten ihr einen ihr andern spielt weiter zum
      Tanz auf

Schwarze Milch der Frühe wir trinken dich nachts wir trinken
      dich mittags und morgens wir trinken dich abends
wir trinken und trinken
ein Mann wohnt im Haus dein goldenes Haar Margarete
dein aschenes Haar Sulamith er spielt mit den Schlangen
Er ruft spielt süßer den Tod der Tod ist ein Meister
      aus Deutschland
er ruft streicht dunkler die Geigen dann steigt ihr als Rauch
      in die Luft
dann habt ihr ein Grab in den Wolken da liegt man nicht eng

Schwarze Milch der Frühe wir trinken dich nachts
wir trinken dich mittags der Tod ist ein Meister aus Deutschland
wir trinken dich abends und morgens wir trinken und trinken
der Tod ist ein Meister aus Deutschland sein Auge ist blau
er trifft dich mit bleierner Kugel er trifft dich genau
ein Mann wohnt im Haus dein goldenes Haar Margarete
er hetzt seine Rüden auf uns er schenkt uns ein Grab in der Luft
er spielt mit den Schlangen und träumet der Tod ist ein Meister
      aus Deutschland

dein goldenes Haar Margarete
dein aschenes Haar Sulamith

Dieses Gedicht verschränkt fugenartig mehrere Themen kunstvoll ineinander: den braven Liebesbrief des blauäugigen Judenhenkers an Margarethe, das blonde Haar dieses Mädchens und das aschgraue der todgeweihten Sulamith, das Schaufeln der eigenen Gräber durch die Juden, ihr zweites Grab in der Luft nach der Verbrennung, und dies alles ist zusammengehalten durch das Trinken schwarzer, also tödlicher Milch durch die Todeskandidaten. Satzzeichen kennt der Text so wenig mehr wie diejenigen August Stramms, weil auf die syntaktische und namentlich die logische Ordnung und Gliederung der Sprache verzichtet wird. Der Rang des Gedichts liegt vor allem in seiner rhythmischen Kraft, welche der Heftigkeit der Klage und Anklage entspricht. Etwas Apokalyptisches liegt über diesem wie so manchem andern modernen Text. Der Vorwurf an Celan, er habe entsetzliche Wirklichkeit in künstlerische Schönheit verpackt und damit in unverantwortlicher Weise ästhetisiert, ist verkehrt. Gerade in der künstlerischen Gestaltung wird die Trauer über das Schicksal der Hingemordeten in ihrer ganzen Tiefe nachfühlbar. Celan, selbst ein Jude, hat sich unlängst das Leben genommen. Er war alles andere als ein bloßer Aesthet.

Sonst ist über die deutsche Lyrik, die nach dem Zweiten Weltkrieg entstanden ist, nicht allzu viel Neues oder gar Bahnbrechendes zu melden. Es sind zahlreiche gute Gedichte geschrieben worden. Ihre Verfasser kommen sich zwar nach wie vor als Avantgardisten vor, sind aber weitgehend Epigonen dessen, was die sogenannte expressionistische Dichtung geschaffen hat. Wie die Zukunft der Literatur aussehen wird, weiß niemand, ja es ist nicht einmal sicher, ob sich eine solche Zukunft einstellen wird. Man wird den Eindruck nicht recht los, man lebe heute in einer Endzeit der Kunst. Der Antiroman, das Antidrama und das Antigedicht sind Alarmzeichen. Die Kunst, mehrtausendjähriges abendländisches Erbe, wendet sich heute mehr als noch vor einigen Jahrzehnten gegen sich selbst. Dennoch: alles ist möglich, weil die Entwicklung der Menschheit noch nie einen Stillstand gekannt hat.

Namenregister

Arp, Hans 75
Baudelaire, Charles 8, 49
Beethoven, Ludwig van 29
Benn, Gottfried 9, 47, 51, 64
Brecht, Bertolt 9, 70
Brentano, Clemens 21, 24, 25
Büchner, Georg 9
Celan, Paul 83
Droste, Annette von Hülshoff 36
Eichendorff, Joseph von 24, 64, 78
Freud, Sigmund 81
Goethe, Johann Wolfgang 9, 11, 27, 29, 32, 54, 64
Gongora, Luis de 8, 24
Gotthelf, Jeremias 9
Hauptmann, Gerhard 9
Herder, Johann Gottfried 28
Heym, Georg 9
Hölderlin, Friedrich 21, 23, 24, 27
Hülshoff, s. Droste
Jean Paul 9
Kafka, Franz 9, 53, 54
Kästner, Erich 76
Keller, Gottfried 43
Kleist, Heinrich von 9, 29
Klopstock, Friedrich 11, 20, 28
Lenz, Jakob Michael Reinhold 9
Lessing, Gotthold Ephraim 28
Lichtenstein, Alfred 75
Mallarmé, Stefane 8, 41, 42, 47, 48
Meyer, Conrad Ferdinand 47, 64, 65, 74
Mörike, Eduard 39, 54, 70, 78
Morgenstern, Christian 75
Nietzsche Friedrich 9, 29, 47, 55, 65
Novalis 21
Rilke, Rainer Maria 24, 29
Rimbaud, Arthur 8
Sartre, Jean Paul 50

Schiller, Friedrich 20, 27, 28, 29, 53
Schlegel, Friedrich 23
Sophokles 8, 79
Spitteler, Carl 9, 47
Stadler, Ernst 20, 82
Stifter, Adalbert 9, 54
Stramm, August 74, 85
Trakl, Georg 9, 27, 39, 54, 77
Winckelmann, Joachim 28